高职院校美育教育
理论与实践研究

付卉　李娜　著

云南美术出版社

图书在版编目（CIP）数据

高职院校美育教育理论与实践研究／付卉，李娜著
. — 昆明：云南美术出版社，2023.12
ISBN 978-7-5489-5532-0

Ⅰ．①高… Ⅱ．①付… ②李… Ⅲ．①美育-教学研
究-高等职业教育 Ⅳ．①G40-014

中国国家版本馆 CIP 数据核字（2023）第 249342 号

责任编辑：刁正勇
责任校对：梁 媛 邓 超 黎 琳
装帧设计：张田田
封面设计：寓 羽

高职院校美育教育理论与实践研究

付卉 李娜 著

出版发行：云南美术出版社（昆明市环城西路 609 号）
制版印刷：昆明德厚印刷包装有限公司
开　　本：787mm×1092mm　　1/16
印　　张：6.75
字　　数：250 千字
版　　次：2023 年 12 月第 1 版
印　　次：2023 年 12 月第 1 次印刷
书　　号：ISBN 978-7-5489-5532-0
定　　价：45.00 元

前　言

在当下，美育教育逐渐受到越来越多的重视。作为一种重要的素质教育，美育教育旨在培养学生的审美素养、创新思维和人文精神，提高学生的综合素质。在高职院校中，美育教育的重要性更加凸显。美育教育不仅培养学生的想象力和创造力，还可以提高学生的审美素养，促进学生全面发展。因此，梳理研究高职院校美育教育具有重要的现实意义。

本书从高职院校美育教育的理论基础入手，全面论述了高职院校美育教育的环境与资源、高职院校美育教育的方法、高职院校美育教育的师资队伍建设等，最后对高职院校美育教育的实践进行了深入分析。希望本书能够为读者提供有益的参考与借鉴。

本书在写作过程中，笔者参阅了相关文献资料，在此，谨向其作者深表谢忱。

由于水平有限，疏漏和缺点在所难免，希望得到广大读者的批评指正，并衷心希望同行不吝赐教。

作　者

2023 年 10 月

目　录

第一章　高职院校美育教育概述

第一节　高职院校美育教育的理论基础

一、高职院校美育教育的界定

（一）本质特征

高职院校美育教育注重培养学生的审美意识和审美能力。开展丰富的美育教学活动，学生能接触各种形式的艺术作品，从而提高他们的艺术鉴赏能力，培养他们的审美素养。美育教育也是一种意识形态的教育，旨在拓展学生的艺术视野，强化学生对美育的认知。

高职院校美育教育强调人文关怀和人格培养。美育教育不仅培养学生的艺术欣赏能力，也通过艺术的启发和教育，培养学生的人文素养和情感。在美育教育过程中，学生可以感受艺术的力量和美的追求，还能通过艺术创作和表达，抒发自己的情感和思想。这种关注学生内心世界和人格塑造的教育方式，让美育教育具备了独特的价值和意义。

高职院校美育教育注重实践与理论的结合。美育教育不仅是学习美术知识和技能的过程，更强调学生通过实践活动去感知、体验和理解艺术。参观美术馆、参与艺术创作等实践活动，能让学生将理论知识与实践操作相结合，加深对美育教育的理解与认识。这种注重实践的教学方式不仅丰富了课堂教学，还能培养学生的动手能力和创新思维。

总之，高职院校美育教育的本质特征在于培养学生的审美意识和审美能力，注重人文关怀和人格培养，同时强调实践与理论相结合。这些特征促使美育教育在高职院校中得到了广泛的开展，并对学生的综合素质提升和个人发展起到积极的作用。

（二）内在要素

高职院校美育教育的内在要素是指体现其核心内容和基本特征的关键要素。美育教育作为一种综合性的教育形式，其内在要素涵盖学校、教师、学生和教育环境等多个方面。

高职院校作为美育教育的实施主体，具有十分关重要的作用。学校作为组织者和管理者，应当制定美育教育相关的方针和目标，建立健全美育教育体系，并提供必要的资源支持。高职院校教师是美育教育的主要执行者，他们要具备专业的艺术素养和教学能力，并能将美育教育融入到课堂教学中。

学生作为美育教育的接受者和参与者，他们的参与程度和主体性在美育教育的开展中起着重要作用。学生需要积极参与各种艺术活动和实践，如参观美术馆、艺术表演、创作作品等，从而丰富自身的审美经验和审美知识。高职院校也应提供丰富的美育教育资源，满足学生的学习需求。

教育环境也是美育教育的内在要素。良好的教育环境有助于激发学生的艺术创造力和表现力。高职院校应提供优质的艺术设施和资源，如美术教室、音乐室、舞蹈教室等，以及专业的艺术指导，为学生提供创作和展示的平台。

因此，学校的主导作用、学生的参与以及教育环境的创设是不可或缺的。只有形成一个有机统一的内在要素体系，才能有效实施美育教育，培养学生的审美能力和创造力，提升他们的综合素质。

（三）外在表现

高职院校美育教育的外在表现主要体现在学校教育环境、师生关系、教学方法和教育资源等方面。在学校教育环境方面，高职院校应创造艺术氛围浓厚、充满创造力的校园文化环境。这要求学校建设美学空间，如美术馆、艺术实验室、多功能音乐厅等，以展示学生的艺术作品和举办各类文化艺术活动，为学生提供艺术体验和艺术创作的机会，培养学生的艺术素养。

高职院校美育教育的外在表现还体现在师生关系方面。教师应以身作则，成为学生的良师益友和艺术活动的引导者。教师要树立正确的价值观，面对学生时要关注他们的情感和艺术表现，并积极鼓励他们勇于创新和表达自我。学校还应加强师生之间的互动交流，为学生提供丰富的选修课程和艺术培训，让他们在不同的艺术领域提升能力。

在教学方法上，高职院校美育教育应突破传统教学模式，采用多样化的教学方式，如艺术实践、艺术创作、情境模拟等。教师可以策划艺术实践活动，让学生参与艺术创作和表演，并将学生的艺术作品展示给社会大众，以提高学生的自信心和艺术表达能力。

高职院校美育教育需要充分利用教育资源。学校可以与艺术机构、博物馆、画廊等合作，为学生提供更多的艺术展览、艺术活动和艺术家讲座等。同时，学校还应建立艺术教育资源库，收集和整理优秀的艺术教材、教具和教学案例，为教师和学生提供丰富的艺术教育和学习资源。

总之，营造充满艺术氛围的学校环境、建立良好的师生互动关系、选择多样化的教学手段以及充分利用教育资源，高职院校可以有效培养学生的艺术素养和创造力，实现美育教育的目标。

二、高职院校美育教育的内涵

(一) 美的教育

美的教育，作为高职院校美育教育的重要组成部分，是培养学生审美能力和艺术修养的关键环节。美的教育的核心在于引导学生感知美，增强他们对艺术、文化和美学的理解。在高职院校中，开展美的教育，学生能培养自己的审美情趣，提升艺术水平，强化对美的欣赏能力。

1. 培养审美意识

学生通过学习绘画、音乐、舞蹈、戏剧等艺术类课程，可以了解不同的艺术表现形式，感悟艺术作品所传达的情感和意义。通过参观艺术展览、听音乐会、看舞台剧等，学生能体会艺术的魅力，并从中获得思考和启发。

2. 培养创造力

培养学生的创造性思维和想象力，在艺术创作中激发他们的个性表达和创新能力。通过创作绘画作品、编排音乐、设计舞蹈等，学生能提高自己的艺术表达能力和创造力，培养独特的审美视角。

3. 培养鉴赏能力

学生需要学习美学理论和艺术史，了解不同时期和地区的艺术风格、流派和表现方式。通过分析和解读艺术作品，学生能独立思考、提炼出个人的审美观点，并能够对艺术作品进行深入的鉴赏和评价。

总之，美的教育在高职院校中具有重要的意义。接受美的教育，学生不仅能获得美的感知和认知，还能提升自己的审美能力和艺术修养。同时，美的教育也对学生的综合素质提升起到积极的推动作用。在当下社会快速发展的背景下，高职院校的美育教育要注重培养学生的审美能力，为他们未来的职业发展奠定坚实的基础。

(二) 美的涵养

美的涵养指的是培养学生的审美情感和鉴赏能力，使其能够欣赏、感受和理解美的存在及其表现形式。

一是要重视学生对艺术作品的感知。通过欣赏不同形式的艺术作品，学生能获得独特的视觉、听觉、触觉等感官体验。深入感知艺术作品中的色彩、形状、线条等内容，学生能提高体验美的能力，从而培养自身的审美情趣。

二是要注重对艺术作品的研究和探索。学生应学会深入分析和思考艺术作品背后的意义和情感表达。通过对艺术作品的解读，能培养学生的创造性思维和学术研究能力。他们也能运用自己的创造性思维创作出具有独特个性的艺术作品。

三是要重视培养学生的审美情感。学生需要学会从内心深处感受和表达对美的喜爱。与艺术作品的互动和交流，能提高学生的情感表达的能力，让他们真正理解艺术作品的内涵。

四是要强调艺术作品的应用和实践。学生要将所学的美的理念应用到实际的艺术创作和学习实践中。通过参与艺术创作活动和美育实践，学生能将自己的美的涵养转化为艺术作品和学习成果，从而提升创造力和实践能力。

因此，美的涵养旨在让学生具备艺术鉴赏能力和审美意识，从而实现高职院校美育教育的目标。在教育中，教师应选择多样化的教学方法和资源，培养学生对美的兴趣，帮助他们理解艺术作品的价值和意义。

（三）美的实践

美的实践包括艺术创作和表演活动。学生可以在绘画、音乐、舞蹈等艺术活动中展现自己的创意和才华。这样的实践能培养学生的审美情趣，增强他们艺术理解和欣赏能力，还可以提高学生的创造力和想象力。

美的实践还包括参观艺术展览、观看演出等文化活动。通过参观与体验真实的艺术作品，学生可以进一步拓宽视野，增长知识，提高自己的艺术鉴赏能力。同时，与其他观众的互动交流也可以提高学生的社交能力和合作能力。

美的实践也涵盖社区艺术项目、义工活动等。学生可以将自己所学的美育知识和技能运用到社区美育建设中，为社会发展和文化繁荣作出贡献。

通过参与这些实践活动，学生可以加深对美育教育的理解，增强对美育教育的信心。美的实践是高职院校美育教育的重要环节，通过实践，学生可以全面提升自己的艺术素养和综合能力，为未来的成长奠定坚实的基础。

三、高职院校美育教育的理念

（一）人本理念

在高职院校美育教育中，人本理念是一种核心理念，它注重以人为本，将学生的全面发展和人格塑造放在首位。人本理念体现了尊重学生个体差异，培养学生独立思考和创新能力的原则。

1. 尊重差异

每个学生都是独特的个体，拥有不同的兴趣、特长和潜能。在美育教育中，教师要充分了解和关注学生的个体差异，以便为每个学生提供个性化的美育教育。

2. 独立思考

美育教育不仅传递知识和技能，还要培养学生的创造力和想象力。教师要注重学生的主体性和参与性，可以引导学生独立思考、质疑和创造，培养他们的创造能力和创新精神。

3. 终身学习

美育教育要让学生具备自主学习和自主发展的能力，促进他们不断适应社会的变化和发展。通过提供多样化的学习机会和资源，高职院校可以培养学生的学习兴趣和学习习惯，让他们具备终身学习的意识。

4. 塑造人格

人本理念强调美育教育的目标要塑造学生的人格。美育教育应注重学生的情感和审美情趣的培养。通过培养学生的审美能力和人文素养，高职院校可以帮助学生树立良好的道德观念，让他们成为有社会责任感的优秀人才。

总之，人本理念是高职院校美育教育的核心理念。它强调以人为本，充分尊重个体差异，注重培养学生的独立思考能力和创新能力，以及终身学习的习惯，并且注重塑造学生的人格。

（二）全面发展理念

高职院校美育教育的全面发展理念是指在提升学生专业技能的同时，注重培养学生的全面素质。全面发展理念强调培养学生的综合能力，包括知识、技能、心理、态度、价值观等多个方面。它不仅关注学生在学业上的成绩，更注重学生在自我认知、创新思维、审美情趣等方面的发展。

全面发展理念要求高职院校美育教育要重视知识与技能的培养。作为高职教育的一部分，美育教育必须与学科教育相结合，并结合专业特点，在培养学生专业技能的同时提升学生的审美素养。通过艺术课程的开设和教学活动的设计，让学生在专业学习的基础上掌握扎实的美育知识和技能，并能运用美育知识和技能来解决实际问题。

全面发展理念强调注重学生的心理健康与素质养成。高职院校美育教育要关注学生的心理情况，培养学生积极健康的心态和心理素质。通过艺术活动的参与，学生能获得很好的审美体验，还能运用艺术表达自己的情感和思想，释放心理压力，增强自信心，提高综合素质。

全面发展理念还注重培养学生的创新思维和创造力。高职院校美育教育要鼓励学生运用创新思维来解决问题。通过开展各类艺术实践活动，增强学生的创造力和想象力，培养学生的创新意识，让他们在专业领域中能提供独特的问题解决方案和创意。

全面发展理念也注重学生的价值观培养。高职院校美育教育要培养学生树立正确的价值观念和具备良好的道德品质。通过艺术教育的引导和实践，让学生能正确识别美与丑、善与恶，并能树立正确的人生观、世界观和价值观。学生在接触不同艺术作品的审美体验中，能不断提升自己的审美能力，增强社会责任感。

总之，高职院校美育教育的全面发展理念是为了培养学生的全面素质和综合能力。在实施美育教育的过程中，要注重知识与技能的培养、心理健康与素质养成、创新思维和创造力的培养等。只有这样，才能更好地促进高职院校学生的全面发展。

（三）立德树人理念

立德树人也是高职院校美育教育的重要理念。在高职院校中，强调立德树人，旨在通过全方位的美育教育，塑造学生良好的品德，培养具有社会责任感的高职人才。立德树人理念不仅关注学生的知识和技能提升，更重视培养学生的宽容、协作和思辨能力，以及正确的价值观和人生观。

在高职院校的美育教育实践中，立德树人理念的核心是引导学生树立正确的人生观和价值观。通过课堂教学、社会实践和文化活动等，高职院校可以让学生从小事做起，从日常生活中感知艺术、体会美的力量和人文关怀，培养他们对美育教育的兴趣。

立德树人理念还要求高职院校注重学生的品格塑造。引导学生参与志愿服务活动、开展道德新生活教育等，高职院校可以培养学生的责任感和社会意识，让他们肩负起对社会的责任。同时，高职院校还应促进课程设置和教学方法的改革，提升学生的思辨能力和创新意识，培养他们良好的判断力和问题解决能力。

立德树人理念还要求高职院校注重教师的师德建设。教师是美育教育的主要引导者，他们需要具备高尚的师德品质，成为学生的引路人。高职院校应重视教师的职业道德培养，加强对教师的教育，营造良好的师德氛围，从而推动立德树人理念在美育教育中的落实。

因此，立德树人理念是高职院校美育教育不可或缺的一部分。以立德为根本，培养学生的品德和价值观，高职院校可以为社会培养出具有社会责任感和人文素养的高素质人才，为社会发展做出贡献。高职院校应当在美育教育的实践中不断强化立德树人理念，推动美育教育全面发展。

（四）生态美育理念

在高职院校美育教育中，生态美育理念是一种重要的指导原则。生态美育强调人与自然的和谐共生，促使学生具备生态环境保护与可持续发展的意识，培养他们积极参与生态保护的责任感。

1. 传承自然文化

通过课程设置和实践活动，学生将了解并尊重自然规律，明白人类与自然的和谐之道。他们将掌握传统的生态文化知识，如农耕技术、环保方法等，以及当代生态学和环境科学的最新发展。这样的教育方式让学生能从多个角度审视生态问题，培养对生态环境的独特感悟。

2. 参与实践活动

在高职院校中，学生可参与各类有关生态保护和可持续发展的实践活动。比如，他们可以参与社区的环境整治，组织校内的植树造林活动，或者参与生态保护组织的志愿服务。通过这些实践，他们将了解生态问题的现实状况，从而认识到个体行动对环境影响的重要性，并养成良好的环保习惯。

3. 具备责任意识

学生应深入了解生态环境破坏的原因和后果，认识到自己在其中的责任。他们应通过学习和实践，发现并解决生态问题，提出改进的方法，推动环境保护事业的发展。学生应结合实际情况，提出个人的环保计划，积极参与环境保护。

综上所述，生态美育理念在高职院校美育教育中占据着重要的地位。通过传承自然文化、参与实践以及培养责任感，生态美育理念让学生从小事做起，从自身做起，积极促进生态环境的保护与可持续发展，为实现人与自然和谐共生做出贡献。同时，生态美育理念也培养了学生对生态环境的敬畏和对自然的热爱，培养他们保护环境的意识，让其学会保护自然资源，促进社会可持续发展。

四、高职院校美育教育的重要性

（一）主要特征

高职院校美育教育具有综合性。高职院校美育教育不仅关注学生的艺术成就，更注重培养学生的综合素质。通过各种形式的艺术活动，如绘画、音乐、舞蹈、戏剧等，学生能在艺术实践中培养创造力、表达能力和团队合作意识，提升综合素质。

高职院校美育教育强调实践性。传统的美育教育大多只注重理论知识的传授，而忽视了实践的重要性。在高职院校美育教育中，学生会参与各种实践性项目，如艺术创作、展览策划等，通过实践来巩固所学的知识，提升技能，并将理论与实践相结合，培养学生的实践能力。

高职院校美育教育注重个性化。每个学生都有不同的兴趣或特长，在美育教育中应充分尊重学生的个性化需求。高职院校应提供多样化的课程和活动，让学生有机会选择自己感兴趣的艺术领域，并根据其个性化需求，提供个性化的指导和培养方案，激发学生的潜力。

高职院校美育教育还强调与行业需求的对接。高职院校的使命就是培养适应社会需求的专业人才，因此美育教育应该与相关领域的需求相结合。高职院校应加强与相关行业的合作，开展实践项目，将学生的能力培养与行业需求紧密结合，提高学生的就业竞争力。

总之，高职院校美育教育具有综合性、实践性、个性化等特征。通过培养学生的综合素质，提高其实践能力，美育教育为高职院校学生的职业发展提供了有力的保障。同时，高职院校美育教育也对高职院校的整体发展产生着积极的影响。

（二）主要作用

高职院校美育教育在促进学生全面发展、提升其综合素质方面具有重要意义。高职院校美育教育有助于培养学生的审美能力和艺术修养。美育教育注重培养学生的感知能力、欣赏能力和创造能力，通过艺术体验，让学生更能领悟、理解和欣赏艺术之美。这不仅提高学生的艺术修养水平，还能培养学生的审美情趣，让其在日常生活中更加关注美。

高职院校美育教育有助于培养学生的创新思维和创造能力。美育教育注重培养学生的观察力、想象力和表达能力，通过艺术创作引导学生去发现问题、解决问题，培养他们的创新思维。学生在艺术创作过程中可以充分发挥自己的想象力和创造力，不断探索和尝试新的表现方式，具备独到的艺术见解和创作能力。这种创新思维和创造能力对学生未来的职业发展具有重要的促进作用。

高职院校美育教育有助于培养学生的综合素质和人文精神。美育教育注重培养学生的情感、认识和态度，通过对艺术作品的欣赏，让学生感受智慧和情感的表达，进一步培养其人文素养。美育教育也可以培养学生的情感共鸣和共情能力，增强学生的自我认知和自我理解，让他们更加关注社会问题，具备更高的社会责任感。

综上所述，高职院校美育教育的意义不仅体现在培养学生的审美能力和艺术修养，更体现在培养学生的创新思维和创造能力，以及提升学生的综合素质方面。高职院校应当重视美育教育的实施，努力为学生提供更丰富的创作平台，促进学生成长发展，培养出更多具备创造力的高素质人才。

第二节　高职院校美育教育的基本原则

一、全面发展原则

（一）全面发展原则的概念

全面发展原则是高职院校美育教育的重要指导原则。全面发展原则强调学生在艺术素养、审美情趣、创造思维等多个方面的综合发展。从字面意义上看，全面发展原则要求学校在美育教育中，不能只注重某一方面的培养，而要全方位培养学生的综合能力。

全面发展原则的内涵是十分丰富的。全面发展原则注重学生的艺术素养培养。这包括对学生审美能力、艺术鉴赏能力、美学思维等方面的提升。通过开展丰富的美术、音乐、舞蹈等艺术活动，学生能接触到不同形式和风格的艺术作品，提高其对艺术的理解和欣赏能力。

全面发展原则还要求培养学生的审美情趣。审美情趣是指个体对美的感受以及欣赏能力。高职院校美育教育应注重培养学生的审美情趣，使其具备对美的辨识能力。参与丰富的美育课程和活动，学生能感受到来自不同艺术形式的美的魅力，培养良好的审美情趣。

全面发展原则还要求培养学生的创造思维。创造思维是提升学生创新能力和创造力的关键环节。高职院校的美育教育应积极引导学生在创作过程中发挥主体作用，培养其创造性思维和解决问题的能力。开展艺术作品创作、设计等活动，学生不仅能锻炼创造思维，还能提高实践能力。

总之，全面发展原则在高职院校美育教育中起到了重要的指导作用。它要求学校在美育教育中注重学生的艺术素养、审美情趣和创造思维等方面的培养，全面提升学生的综合能力。

（二）全面发展原则的重要性

在高职院校美育教育中，全面发展原则强调学生在审美、艺术等方面的全面培养，旨在促进学生多元化发展。全面发展原则促使学生充分提高自己的审美能力。学生在美育教育中接触到丰富的艺术形式，如绘画、音乐、舞蹈等，通过深入学习，学生的审美能力得到了提高。他们可以欣赏、理解并评价不同形式的艺术作品，具备独特的审美眼光和欣赏能力。

全面发展原则在高职院校美育教育中强调学生的艺术素养的全面提升。艺术素养是一个人在艺术领域的综合素质，包括对艺术的理解、创造力、表现力等。全面发展原则要求学生在多个层面上提升艺术素养，不仅是单一的技能训练，也要注重创造力、表现力的发展。通过创作作品，学生可以展现自己的艺术才华，提高自己的创造力和表现力。

全面发展原则还强调学生在美育教育中的综合能力提升。综合能力包括认知能力、表达能力、交际能力等，这些能力在美育教育中都是非常重要的。全面发展原则依托各种艺术活动的开展，提供了学习和练习的机会。学生不仅可以通过创作表达自己的想法，还可以和他人合作完成作品，提升自己的交际能力。

总之，全面发展原则在高职院校美育教育中具有重要的作用。它促使学生在审美、艺术素养和综合能力等方面得到全面发展。应用全面发展原则，高职院校能培养出具有创新精神的人才，为艺术教育事业的发展做出贡献。

（三）全面发展原则的基本要求

在高职院校的美育教育实践中，全面发展原则强调培养学生的综合素质，充分发展学生的智力、情感、美感等。高职院校的美育教育应根据学生的特点和需求，制定相应的教育目标和教学方案，让学生在不同的艺术领域都得到全面发展。

全面发展原则要求高职院校美育教育注重学生的知识与技能的培养。在教学过程中，教师不仅要注重学生对艺术理论知识的学习，更要注重培养学生的艺术实践能力。通过丰富的实践活动和课程设置，学生能逐渐熟练掌握绘画、音乐、舞蹈等技能，学校也能培养出综合素质较高的艺术人才。

全面发展原则要求高职院校美育教育关注学生的情感与审美的培养。美育教育不仅是一种知识的传授，还是一种情感的熏陶。通过欣赏和创作艺术作品，学生能感受到美的力量，提高对于艺术的情感认知和理解能力。教师也应注重培养学生的审美能力，通过引导学生主动参与艺术活动，提升学生的艺术鉴赏能力。

全面发展原则强调高职院校美育教育要重视学生的创新思维与创新能力的培养。在教学过程中，教师应激发学生的创造力和想象力，鼓励学生勇于创新、敢于表达。全面培养学生的创造性思维和批判性思维，让他们能在艺术领域中独立思考，敢于质疑，并能提出自己独特的观点。

全面发展原则要求高职院校美育教育要注重学生的个性与特长的发展。每个学生都有自己独特的兴趣和潜能，应根据学生的不同特点进行教学。在美育教育中，教师要注重发掘学生的艺术潜能，引导他们发挥自己的特长。运用量身定制的教学方案和个性化的培养计划，学生可以在艺术领域中获得更好的发展。

综上所述，全面发展原则在高职院校美育教育中具有非常重要的意义。注重知识与技能、情感与审美、创新与创造、个性与特长的培养，高职院校能够培养出具备综合素质的艺术人才，为艺术教育事业的发展做出积极贡献。

二、实践性原则

（一）实践性原则的内涵

实践性原则是指在高职院校美育教育中，通过实践活动来培养学生的审美能力和创造能力。实践性原则是美育教育中的基本原则，它重视学生在美育学习中的主体地位以及实践参与的重要性。实践性原则要求学生参与具有创造性和实践性特点的艺术活动，以培养学生的审美情趣、艺术技能和创作能力。

在高职院校美育教育中，实践性原则的应用对于培养学生的艺术实践能力具有重要意义。积极参与实践，学生可以体验艺术创作的过程，从中获得直观感受和宝贵经验。

实践性原则有助于激发学生的创造潜能。通过参与实践活动，学生可以在实践中尝试和创新，提升独立思考和解决问题的能力。实践性的学习方式能够为学生提供一个开放的空间，让他们自由发挥创造力和想象力，激发他们的潜能。

实践性原则的应用还能帮助学生建立自信心和自尊心。参与实践活动，并取得一定的成果，学生能得到他人的认可，这对学生的自信心和自尊心的建立是非常有益的。

因此，实践性原则对于培养学生的艺术实践能力具有重要作用。在高职院校的美育教育中，应注重实践性原则的贯彻，为学生提供更多的实践机会，让学生在实践中不断成长和进步。只有这样，高职院校的美育教育才能实现促进学生全面发展的目标。

（二）实践性原则的意义

1. 提升实践能力

美育教育旨在培养学生的审美情趣和艺术表达能力，通过实践性教学，学生能参与艺术活动和创作过程，从而培养其创造力和实践能力。实践性教学让学生有机会通过实践，探索艺术领域的知识和技能，并能将所学知识有效应用于实际创作中。通过实践性教学，学生不仅能培养自己的创造力，还能锻炼自己的实践能力，提高解决实际问题的能力。

2. 强化动手能力

实践性原则在高职院校美育教育中的另一个重要意义是强化学生的动手能力和实践操作技能。美育教育不只是理论的传授和知识的学习，更重要的是培养学生的实践操作技能，让学生能灵活运用所学知识进行创作或表达。通过实践性教学，学生能动手参与艺术实践，如绘画、雕塑、设计等，依托实际操作提高自己的技能水平。因此，实践性教学能强化学生的动手能力，培养学生的实践操作技能，使其在实践中灵活运用所学知识和技能。

3. 培养团队意识

实践性原则在高职院校美育教育中也重视培养学生的合作意识和团队合作能力。在实践性教学中，学生需要与他人合作完成艺术项目，如合作创作、合唱、合作演出等。通过与他人合作，学生能具备合作精神，学会与他人协作，提高团队合作能力。在合作的过程中，学生可以从他人身上学到新的想法和技巧，还能通过与他人交流和合作，培养自己的沟通能力和社交技巧。

综上所述，实践性原则在高职院校美育教育中的意义体现在提升学生实践能力、强化学生动手能力，以及培养学生的团队合作能力等方面。实践性教学依托亲身参与和实际操作，让学生将所学知识运用于实践中，提高学生的综合能力，为学生的职业发展奠定基础。

三、创新性原则

（一）创新性原则的重要作用

创新性原则是指在高职院校美育教育中，借鉴现有理论和实践经验，通过创造性的方法，不断开拓新的途径，以推动美育教育的全面发展和提升。创新性原则要求教育者在设计和实施美育教育活动时，要注重创意的引入和培养，鼓励学生主动参与并发挥个人的想象力和创造力。

在高职院校美育教育中，创新性原则具有重要的作用。创新性原则能培养学生的创造力和创新精神，提高学生的独立思考和问题解决能力。通过开展创新性的美育教育活动，学生可以接触不同类型的艺术和文化形式，加深他们对美的感知，培养他们的审美情趣和鉴赏能力。

创新性原则能促进高职院校美育教育的内容和方法呈现多样化和个性化。由于不同学生的兴趣和特长不同，传统的教育模式较难满足所有学生的需求。运用创新性原则，可以设计多样化的教育活动，开展个性化教学，让学生在其感兴趣的领域中发挥优势。

在高职院校美育教育的实践中，创新性原则还发挥着重要的促进作用。教师可以使用创新性的教学方法和手段，让教育活动更具吸引力和趣味性。例如，利用现代技术手段，如虚拟现实技术、互动教学平台等，可以在美育教育中融入新的内容和形式，提升学生的学习积极性和主动性。

总之，创新性原则是高职院校美育教育中的重要原则之一，它能培养学生的创造力和创新精神，促进美育教育的多样化和个性化发展。教师应在实践中不断尝试创新，使用创造性的教学方法，为学生提供更好的美育教育环境。

（二）创新性原则的意义

在高职院校美育教育中，创新性原则强调美育教育的创新发展，致力于培养学生的创造力和创新精神，以应对日益复杂的职场需求。

1. 培养创造力

创造力是一种重要的综合能力，它涉及思维、想象、表达等方面的内容。通过创新性原则的引导，学生将有机会突破传统的观念和方式，积极探索新的美育教育途径或方法，并在创作过程中获得创造力的提升。

2. 培养创新精神

创新精神是指具备创造性思考和解决问题的能力。高职院校美育教育应注重培养学生的创新意识和创新思维，让他们具备面对各种复杂情境的能力。通过创新性原则的引导，学生将学会质疑传统观念，表达个性和独立思考，并在审美活动中不断追求新的艺术表达方式。

3. 丰富学习体验

传统的美育教育大多局限于传授知识和技能，学生容易陷入单一和机械的学习模式。而创新性原则提供了更多的自主性和个性化选择，让学生在自由的创作环境中发挥自己的想象力和创造力。这样的学习体验能激发学生的学习兴趣和主动性，提高他们的学习效果。

4. 促进美育发展

随着社会的不断发展，美育教育也需要与时俱进。创新性原则鼓励教师和学生不断尝试新的教育理念和方法，以适应社会发展的需要。通过不断的探索和实践，我们能不断完善教育体系，进一步提高美育教育的质量。

总之，创新性原则在高职院校美育教育中具有重要的意义。它不仅培养学生的创造力和创新精神，丰富学生的学习体验，也促进美育教育的持续发展和进步。在美育教育中充分发挥创新性原则的作用，可以为学生的全面发展和未来的职业发展奠定坚实的基础。

（三）创新性原则的体现

在高职院校美育教育的实践中，创新性原则具有重要的作用。创新性原则不拘泥于传统的教学模式和方法，注重培养学生的创新思维和创造能力。

高职院校可以引入新的课程内容和教学材料来实践创新性原则。随着社会的发展和技术的进步，美育教育也需要与时俱进。高职院校可以组织专家和教师团队进行课程改革和教材开发，注重融入当代艺术和文化元素，从而满足学生的学习需求。

创新性原则还可以在教学方法上得到体现。传统的美育教育通常以讲解和演示为主，学生的主体性和创造性发挥不够充分。高职院校可以采用交互式的教学方法，如小组讨论、项目实践和实地考察等，让学生参与实际的艺术创作，提升他们的创新能力和实践操作能力。

高职院校还可以利用现代科技进行美育教育的创新实践。例如，借助虚拟现实技术和互联网平台，创造艺术展览的虚拟场景，让学生可以随时随地进行艺术欣赏和交流。这种创新性的教学方式不仅能提高学生的学习兴趣和参与度，还能开拓他们的艺术视野。

综上所述，创新性原则在高职院校美育教育的实践中具有重要影响。通过引入新的课程内容和教学材料，改变传统的教学方法，利用现代科技进行创新实践，高职院校可以培养学生的创新思维和实践操作能力，促进美育教育的全面发展。这对于培养高职院校学生的综合素质具有重要的意义。

四、因材施教原则

（一）因材施教原则的特征

因材施教原则作为高职院校美育教育的重要组成部分，是根据学生的个体差异而制定的教学准则。它意味着在教学过程中，教师需要根据学生的兴趣、学习特点和潜能，采用个性化的教学方法，促进每个学生的全面发展。

因材施教原则关注学生的个体差异。在高职院校美育教育中，学生的能力、经验和兴趣是不同的。教师应充分了解学生的需求和个性特点，为每个学生提供有效的教学方案。例如，对于喜欢绘画的学生，可以提供更多的绘画培训和实践机会，满足他们的艺术需求；对于对音乐感兴趣的学生，可以安排更多的音乐表演和乐器演奏课程，激发他们的音乐潜力。

因材施教原则注重个性化学习。每个学生在学习上有不同的偏好和学习方式。有的学生喜欢通过实践来学习，有的学生更适应听课和阅读。教师应根据学生的学习风格，采用多样化的教学方法来满足学生的学习需求。例如，可以组织学生参加艺术实践活动，提供实地考察和实习机会，以提高学生的专业技能和实践能力。

因材施教原则重视个体的进步。每个学生都有自己的学习进度和潜力。教师应为每个学生定制个性化的学习目标和评价标准，以激发学生的学习兴趣。在高职院校美育教育中，可以通过个体化的指导，鼓励学生积极参与自我评价和互助学习，促进他们在专业领域的成长。

总之，因材施教原则不仅注重个体差异，还关注个性化学习和个体进步。应用因材施教原则，可以更好地激发学生的学习兴趣和潜力，促进他们在美育教育中全面发展。高职院校应重视因材施教原则的实施，为学生提供个性化的美育教育资源，以促进美育教育的发展。

（二）因材施教原则的重要性

因材施教原则是高职院校美育教育中非常重要的一项原则。该原则的核心思想是根据学生的个性差异，有针对性地进行个性化教育，以达到最优的教学效果。在高职院校的美育教育中，因材施教原则的应用可以帮助学生更好地发掘艺术潜能，提升鉴赏能力和创造能力。

因材施教原则在高职院校美育教育中的重要性体现在促进个性发展方面。每个学生都有独特的个性和兴趣。通过因材施教，可以根据学生的个体差异，为他们提供适合自己学习的方式。例如，在音乐领域，有些学生可能擅长演奏乐器，有些学生则善于歌唱。因材施教原则可以根据学生不同的音乐才能，提供个性化的训练，让他们在自己擅长的领域得到更好的发展。

因材施教原则在培养学生的鉴赏能力方面也起到重要作用。每个学生对美的感知和理解都有所差异。通过因材施教，可以根据学生对不同艺术形式的理解程度，有针对性地进行教育。例如，在绘画领域，有些学生可能喜欢风景画，而有些学生可能对抽象艺术更感兴趣。因材施教原则可以根据学生的理解水平，引导他们深入理解和欣赏各种艺术形式，提高他们的审美能力。

因材施教原则还对学生的创造力培养具有积极的影响。通过因材施教，可以培养学生的创造意识和创新思维。每个学生都有自己独特的创作方式和风格，教师要根据每个学生的特点和潜力，有针对性地指导他们去发掘自己的创作才能。通过针对性的培养，学生可以在自己的创造领域中取得更好的成绩，并实现自身的价值。

因此，因材施教原则在高职院校美育教育中的重要性不言而喻。通过开展个性化教育，可以促进学生的个性发展，提高学生的鉴赏能力和创造能力。因材施教原则的应用，不仅激发学生的艺术潜能，还为他们未来的职业发展奠定了坚实的基础。在高职院校的美育教育中，要充分重视并积极探索因材施教原则的应用，以更好地推动美育教育的发展。

（三）因材施教原则的运用

因材施教原则在高职院校美育教育的实践中发挥着重要的作用。在实践中，高职院校美育教育要注重因材施教原则的运用，以提高教育的针对性。

基于因材施教原则，高职院校美育教育根据学生的个体特点和兴趣爱好，确定相应的教育内容和教学方法。例如，在音乐教育方面，对于具备较高音乐天赋的学生来说，可以安排一对一的专业指导，为其提供更深入的培训；而对于音乐兴趣一般的学生来说，可以采用集体课堂教学，通过游戏和趣味性的教学形式，激发学生的学习兴趣。

高职院校美育教育中的因材施教原则也强调个性化评价。传统的评价体系大多以固定的标准和指标来评价学生的学习成果，而因材施教原则倡导根据学生的个体差异，采用不同的评价方式和标准。例如，在美术教育中，可以依据学生作品的表现形式、创新性和个人风格等方面来评价学生的艺术成绩，从而全面了解学生的个体差异，为其提供更有针对性的指导。

因材施教原则在高职院校美育教育的实践中还注重教师的能力提升。教师应不断学习和掌握不同学生的特点和需求，灵活运用针对不同学生的教学方法，更好地满足学生的需要。教师还应关注最新的教育理论和研究成果，不断更新教育观念和教学方法，提升自己的教育水平。

综上所述，因材施教原则在高职院校美育教育中具有重要的意义。运用因材施教原则，可以更好地满足学生的发展需求，培养学生的个性特长，提高美育教育的效果。然而，在实践中，我们也需要注意因材施教原则与其他教育原则的协调或融合，以实现美育教育目标。

第三节 高职院校美育教育的主要内容

一、高职院校美育教育的目标

（一）美育价值观的培养

在高职院校美育教育中，培养学生的美育价值观是一项重要任务。美育价值观是指对美感、美德和美道的认知和评价，是对美的欣赏、理解和追求的态度。培养学生的美育价值观，可以引导他们树立正确的审美观，具备良好的品德和优秀的人格。

高职院校应注重培养学生的欣赏能力。通过课堂教学和校内外美育活动，学生可以接触到不同形式的艺术作品，例如绘画、音乐、舞蹈、戏剧等。学生应学会欣赏和评价这些作品，培养对美的感知和鉴赏能力。这不仅需要学生对作品进行客观分析，还需要他们从情感的角度去理解艺术作品所传递的信息。

高职院校还应注重培养学生的美德和审美情操。美育价值观的培养不仅是对美的欣赏，更重要的是通过美的感受和体验，培养学生的高尚情操。在校园中，学生应参与各种美育活动，积极提高品德等方面的修养。例如，参与社团活动、参观博物馆、参加艺术展览等，学生可以更深入地感受艺术的力量，从而提高自己的思想境界。

高职院校还应重视美育知识的传授。美育教育不仅培养学生的审美能力和情感，还需要传授相关的美育知识。学生应了解艺术的基本概念和原理，熟悉艺术史和艺术理论，具备一定的美学常识和知识体系。只有通过系统性的学习，学生才能更好地理解和欣赏艺术作品，更好地运用艺术元素进行创作。

高职院校也应注重锻炼学生的艺术表现能力。美育教育不仅是对美的欣赏和理解，更需要学生具备一定的艺术表现能力。在美育课程中，学生应得到充分的锻炼和训练，例如绘画技巧、音乐演奏、舞蹈表演等。通过实际的创作和表演，学生可以更好地发挥自己的艺术才能和创造力，提高自己的艺术表现能力。

总之，高职院校美育教育的目标之一就是培养学生的美育价值观。注重对美的欣赏和理解、培养学生的美德和审美情操、传授美育知识和锻炼艺术表现能力，学校可以培养出具备正确价值观的学生，进而为社会培养出更多高素质人才。

（二）人文素养的提升

在高职院校的美育教育中，提升学生的人文素养也是一个重要目标。人文素养不仅包含了对人文科学的学习，还包括对人文精神的理解。

高职院校应该注重开设跨学科的人文教育课程。通过开设史学、哲学、文学等综合性课程，学生可以系统了解人类文明的发展历程，深入理解各个文化领域的重要概念。同时，可以开设艺术、音乐、电影等课程，增强学生对人文艺术的理解，提升他们的审美能力。

除了课程设置，高职院校还应积极引导学生参与人文活动。这些活动可以是参观博物馆、艺术展览，参与文化论坛或者文学社团等。通过参与这些活动，学生可以感受到人文艺术的魅力，还能与其他与会者交流与探讨，拓宽自己的视野。同时，学生还可以参与志愿者活动，深入社会，感受社会的多样性，进一步提升自己的人文素养。

高职院校还可以通过大量阅读相关经典著作来提升学生的人文素养。通过阅读，学生可以拓展思维，增强创造力和文学素养。教师还可以借助文献中的各种案例和描述，让学生更好地理解人文精神的内涵和要义。

因此，学生可以在各个方面提升自己的人文素养，培养自己的综合能力和人文情感。这将有助于他们更好地适应社会环境，提升个人的艺术、文化和创造能力，为社会做出积极的贡献。

（三）美学知识的掌握

在高职院校美育教育中，另一个重要的目标是加强学生对美学知识的掌握。美学是研究艺术、美感和审美活动的学科，它涉及各种艺术形式或表现方式的理论和实践。学习美学知识，学生可以更好地理解和欣赏艺术作品，提高自己的审美能力，培养对美感的理解能力。

学生需要学习不同艺术形式和表现方式的基本概念与原理，如绘画、音乐、舞蹈、戏剧等。他们需要了解不同艺术形式的特点、发展历程，以及相关的艺术理论和美学观念。通过系统学习，学生可以建立起对艺术作品的基本认识，为后续的艺术创作奠定基础。

学生还需要学习美学研究的方法和途径。美学研究是深入探讨艺术和美的学科，学生需要掌握一些研究工具和技巧，如文献查阅、实地考察、观察分析等。掌握美学研究的方法，学生可以更好地进行艺术作品的分析与解读，发现其中蕴含的艺术思想和美学价值。

学生需要了解艺术史和美学理论的发展历程。艺术史是研究艺术作品和艺术家的历史，通过学习艺术史，学生可以了解不同时期不同地区的艺术发展和演变过程，对比认识不同的艺术流派和风格。美学理论则是对艺术和美的本质进行探究的理论，学生需要学习美学理论的主要观点和重要学者的研究成果。通过对艺术史和美学理论的学习，学生可以扩大自己的艺术视野，加深对美的理解。

学生还需要参与实际操作来提高自己的艺术表现能力。参与绘画、音乐、舞蹈等各种艺术实践的训练和实践，学生可以不断提高自己的艺术表现能力，增强自己的创作能力和艺术表达能力。同时，参与各种艺术活动和比赛，学生也可以拓展艺术交流与合作，增强自信心。

因此，掌握美学知识能帮助学生更好地理解和欣赏艺术作品，提高审美能力和艺术创作能力。系统学习艺术形式和表现方式的知识、掌握美学研究的方法、了解艺术史和美学理论的发展历程，以及通过实践提高艺术表现能力，学生可以在美育教育中获得全面培养，促进自身的发展。

（四）艺术表现力的提高

在高职院校美育教育中，培养学生的艺术表现能力也是一项重要任务。通过系统的艺术教育，学生可以在音乐、舞蹈、绘画、戏剧等艺术领域中不断提升自己的创作能力。

1. 提供丰富资源

高职院校应积极营造艺术氛围，建设良好的美育环境，并与专业艺术团体建立合作关系，为学生提供观摩、学习和参与的机会。学生也可以参加艺术展览、音乐会、戏剧演出等活动，从中汲取灵感，提高自己的艺术表现能力。

2. 创作能力培养

开设艺术创作课程，引导学生在自己感兴趣的艺术领域进行深入研究和实践。学生可以选择绘画、设计、编舞等形式，表达自己的想法和情感，提升自己的艺术创作能力。学校还可以组织艺术创作比赛或展览，培养学生的创造力和竞争意识，促进他们艺术表现能力的提高。

3. 借助科技手段

依托虚拟现实技术，学生可以身临其境地参观世界各地的美术馆、音乐厅和剧院，从而扩展艺术视野。学校还可以利用多媒体技术，提供丰富的艺术教学资源，帮助学生更好地理解和掌握艺术知识。

4. 提供展示机会

舞蹈比赛、歌唱比赛、戏剧演出等，都是学生发挥自己艺术表演能力的平台。通过参与这些活动，可以锻炼学生的演出技巧、增强舞台表现效果，提高自己的艺术表现能力。

综上所述，培养学生的艺术表现能力，可以帮助学生更好地理解和感受艺术，提高他们的审美能力，为他们未来的职业发展奠定基础。高职院校应注重艺术表现能力的培养，为学生提供丰富的艺术资源和机会，并开展各类艺术活动，引导学生不断提升艺术表现能力。

二、高职院校美育教育的构成

（一）美学理论教学

美学理论教学是高职院校美育教育的重要组成部分，它旨在培养学生对于美的认知和理解的能力。在这一环节，教师需要系统化安排教学，引导学生掌握美学的基本概念、原理和发展历程。

美学理论教学注重理论知识的传授。教师应系统介绍美学的基本概念，如审美、艺术创作等，并解释它们的内涵与关系。还应介绍美学理论的发展历程，包括不同流派和代表性学说。通过深入浅出的讲解，学生能逐渐建立对美学理论的基本认知，并能将其运用到美育实践中。

美学理论教学强调实践与应用的结合。纯粹的理论探讨大多难以满足学生的学习需求，教师应设计系列实践教学活动，让学生将所学的美学理论知识应用到实际的美育教学场景中。例如，可以组织学生参观艺术展览，或者开展绘画、音乐等艺术实践活动，通过亲身体验与实践，提升学生对于美的感知与欣赏能力，培养他们的审美情趣。

美学理论教学需要寓教于乐，引导学生主动参与学习。教师可以采用举例子、小组讨论等方式，激发学生的学习兴趣，增强他们的自主学习能力。例如，展示不同画派的经典作品，引导学生分析其中的美学特点，进行独立思考和互动交流，从而加深他们对于美学理论的理解。

因此，使用丰富的教学方法和个性化的教学设计，教师能有效提高学生的学习效果，促进其全面发展。

（二）艺术实践教学

艺术实践教学旨在培养学生的创造性思维和实践能力。通过艺术实践，学生可以参与艺术创作的过程，深入了解艺术的表达方式和创作技巧。艺术实践教学既包括绘画、雕塑、摄影等传统艺术形式，又包括数字艺术、影视制作、音乐创作等新兴的艺术形式。

艺术实践教学强调学生的创作能力的培养。教师会引导学生参与绘画素描、雕塑塑造以及摄影创作等活动，让学生体验艺术创作的乐趣，并教会他们如何善于观察、捕捉和表达视觉形象。艺术实践教学也注重培养学生的创造力，激发他们的艺术潜能。

艺术实践教学还注重学生的沟通能力的培养。在参与艺术实践的过程中，学生需要与他人合作，共同完成作品或项目。这种合作可以是在创作过程中的意见交流和合作分工，也可以是向观众展示作品时的团队配合。通过合作实践，学生能学会倾听他人的意见，理解不同的创作思路，提高团队协作能力，增强自身的沟通能力。

艺术实践教学还注重培养学生的审美意识和艺术鉴赏能力。学生不仅要参与艺术创作，还要学会欣赏艺术作品。教师会引导学生分析、解读不同的艺术作品，促使他们对作品背后的意义和表达方式进行思考。运用艺术实践和艺术鉴赏相结合的教学方法，学生能逐渐具备独特的审美视角，提高自身的艺术鉴赏能力。

总之，艺术实践教学是高职院校美育教育中不可或缺的环节。通过艺术实践，可以培养学生的创造性思维和实践能力，还可以提高团队合作和沟通能力，增强艺术鉴赏能力。高职院校应注重艺术实践教学的开展，为学生提供丰富的艺术创作机会，促进他们全面发展。

（三）组织美育活动

组织有针对性的美育活动，可以激发学生的艺术兴趣，拓展他们的审美视野，培养他们的创造力和表现能力。

1. 注重多样性和主体性

美育活动应涵盖多个艺术门类，如音乐、舞蹈、绘画、戏剧等，满足不同学生的需求。同样重要的是，要鼓励学生主动参与活动策划和组织，让他们成为活动的主体。参与组织过程，能培养学生的团队合作意识和领导能力，同时增强他们对美育的认同感和自信心。

2. 关注针对性和实效性

美育活动应与学校的教学目标和实际情况紧密结合，开展有针对性的活动，培养学生的审美能力和艺术素养。高职院校可以组织学生参观艺术展览或艺术家工作室，让学生近距离感受艺术的魅力和创作过程。同时，还可以组织艺术创作比赛或表演活动，让学生有机会发挥自己的才华和创造力。

3. 重视合作

高职院校应积极与艺术机构、文化团体、社会组织等建立合作关系，共同开展美育活动。通过与外部资源的合作，可以为学生提供更丰富的学习平台和机会，加强他们的美育学习。同时，也可以进一步促进高职院校与社会的交流合作，提升学校的美育教育水平。

总之，高职院校的美育活动组织是促进美育教育开展的重要环节。高职院校应加强对美育活动的重视，不断创新和完善组织方式，为学生提供更丰富的美育学习机会。

（四）艺术赏析教学

艺术赏析教学旨在培养学生对艺术作品进行深入分析和理解的能力，增强他们的艺术鉴赏能力和审美素养。在艺术赏析教学中，学生将接触各种形式的艺术作品，包括绘画、雕塑、音乐、舞蹈等，通过对这些作品的细致观察和深入理解，能提升学生的审美能力。

在艺术赏析教学中，教师可以根据学生的兴趣爱好和学习能力，选择具有代表性和艺术价值的作品进行教学。同时，针对每一幅作品，教师要向学生详细介绍其作者、创作背景和艺术风格，为学生正确理解作品提供必要的背景知识。

教师应引导学生进行细致观察和描述，帮助他们全面了解作品的特征和表现形式。学生要学会观察色彩、线条、形状等基本要素，同时要了解作品所表达的主题、情感和思想内涵。对作品进行深入分析，能培养学生的观察力和思考能力，并从中获得审美的启发。

在艺术赏析教学中，教师还可以组织学生研讨，促进他们之间的交流互动。学生可以分享自己对作品的理解和感受，通过和他人的对话，进一步拓展自己的视野。同时，教师也可以提供一些扩展性的材料和案例，引导学生进一步探索，培养他们的创造性思维。

在艺术赏析教学的过程中，教师应组织学生进行实际操作和参与实践。学生可以参观艺术展览、参加演出或实地考察，亲身感受和体验艺术作品的魅力。通过实践，学生能更好地理解和欣赏艺术，并将理论知识与实际操作相结合，提升自己的艺术修养。

综上所述，艺术赏析教学在高职院校美育教育中具有重要作用。通过艺术赏析教学，学生能提升自己的艺术鉴赏能力和审美素养，为未来的专业发展和个人成长奠定坚实的基础。在高职院校的美育教育中，应给予艺术赏析教学足够的重视，确保学生能获得全面的艺术教育。

三、高职院校美育教育的任务

（一）营造校园文化环境

在开展高职院校美育教育时，营造和谐的校园文化环境是非常重要的内容。高职院校作为学生接受职业教育的场所，校园文化环境的和谐与否直接影响着学生的学习积极性以及职业素养。

1. 师生关系

教师是学生的引路人和榜样，与学生之间保持良好关系有助于增强学生的归属感和自我提升的动力。高职院校应建立师生之间的互信和尊重，在教师的悉心引导下，学生能够在一个积极向上的环境中成长。

2. 沟通合作

学生是高职院校的主体，他们之间的相互交流和合作对于促进校园文化建设起到十分重要的作用。通过开展各类实践教学活动、学术交流、团队项目等，学生们能增进彼此间的了解和友谊，具备良好的团队合作精神和共同进步的意识。

3. 情感素质

美育教育不仅关注学生的审美能力和艺术表现，还关注他们的情感体验和道德情操的培养。高职院校应注重培养学生的情感素质，开展丰富多彩的文化活动和艺术实践，引导学生正确认识和表达自己的情感，培养他们具备善良、正直、责任感等道德品质。

4. 管理规范

高职院校应建立健全管理机制和规章制度，为学生提供良好的教育资源和学习条件。依托严格的纪律要求和管理措施，学校能创造一个秩序井然、和谐宜人的校园环境，为学生的学习、进步提供良好的保障。

总之，保持良好的师生关系、加强学生间的沟通与合作、培养学生的情感素质和道德观念以及加强学校的管理，我们能共同营造和谐的高职院校校园文化环境，为学生全面发展提供良好的条件。

（二）促进学生全面发展

促进学生全面发展是高职院校美育教育的重要任务。在培养高职学生的过程中，不仅要注重他们的专业技能提升，还应注重他们的思想、品德和身心健康的全面发展。

高职院校可以组织艺术活动丰富学生的课余生活，培养学生的兴趣爱好。学校可以组建各种类型的艺术社团和团队，如合唱团、舞蹈队等，给学生提供展示才华的平台。学校还可以举办艺术展览、演出和比赛，鼓励学生积极参与，提高他们的艺术素养。

高职院校要开设综合素质拓展课程，促进学生多方面能力的提高。综合素质拓展课程包括社会实践、创新创业、领导力培养等内容，学习这些课程，学生可以增加社会经验、培养创新思维、提升领导能力。这些拓展课程也有助于学生全面发展，不仅提高其专业素养，还可以培养他们的综合能力和创新能力。

高职院校还应注重学生身心健康的培养。在教育过程中，学校可以组织各类体育活动，如篮球比赛、足球赛等，让学生积极参与，锻炼身体，增强体质。学校还可以安排心理健康教育课程，指导学生如何正确处理心理问题，提高他们的心理素质。

高职院校也要关注学生的职业规划和就业指导。学校可以开设职业规划课程，帮助学生明确自己的职业目标，并制定相应的发展计划。学校还可以举办就业指导讲座、实习就业洽谈会等，与相关企业紧密合作，为学生提供更多的就业机会和职业发展指导。

因此，组织丰富的艺术活动、开设综合素质拓展课程、注重学生身心健康培养以及关注学生的职业规划，通过这些努力，可以培养出更多具有综合素质和良好发展潜力的专业人才。高职院校的美育教育任务也能良好完成。

（三）提升学生专业素养

在高职院校的美育教育中，还有一项重要的任务是配合专业课程，提升学生的专业素养。专业素养是学生在学习专业知识和技能的过程中所具备的能力和学科素养。

与专业课程相结合，高职院校美育教育可以为学生奠定坚实的专业基础，提高他们的综合能力和竞争力。

配合专业课程进行美育教育可以帮助学生在学习专业知识的同时提高艺术鉴赏能力。在学习过程中，引入艺术内容，比如欣赏和分析相关艺术作品，可以让学生更好地理解和掌握专业知识。欣赏和分析艺术作品，学生还可以提高对美的感知能力，培养审美情趣，从而更好地理解和应用专业知识。

配合专业课程进行美育教育还可以提高学生的创新能力和实践能力。在学习专业课程时引入创作任务和项目，可以激发学生的创造力和想象力。积极参与艺术创作，学生可以将所学的专业知识应用于实践，并通过不断地尝试和探索，提升自己的创新能力和解决问题的能力。

配合专业课程进行美育教育还可以促进学生的跨学科学习及合作。在专业知识中融入跨学科的学习内容和合作项目，可以帮助学生理解和应用多学科知识，培养他们的综合能力。与不同专业的学生合作，学生可以学会团队合作，相互借鉴和学习，提高自己的合作能力和沟通能力。

综上所述，配合专业课程进行美育教育可以为学生提供更加丰富的学习体验。在专业课程中引入艺术元素和创作任务，可以提高学生的艺术鉴赏能力、创新能力和实践能力。同时，跨学科学习和合作项目可以促进学生的跨学科思维提升。这样的美育教育有助于提高学生的专业素养，为他们未来的职业发展奠定坚实的基础。

第二章　高职院校美育教育的环境与资源

第一节　高职院校美育教育的环境建设

一、基本概念

（一）美育教育环境的定义

高职院校美育教育环境是指为学生提供有利于美育培养的学习环境。它包括校园的物质环境、人文环境、艺术环境等方面。在高职院校中，美育教育主要在于创造一个有利于提高学生审美能力的环境，注重提高学生对艺术的认识、欣赏能力以及审美情趣。

高职院校美育教育环境包括校园的物质环境因素。校园的建筑和布局应体现美感和艺术性，例如建筑设计应符合美学原则，色彩搭配要协调，校园的绿化也要充分考虑美感的体现。

高职院校美育教育环境还包含人文环境因素。人文环境是高职院校美育教育环境建设中不可或缺的一部分，学校应当注重校园文化建设，培养良好的师生关系，营造积极向上的学习氛围。另外，艺术家、文化名家等的演讲、交流也可成为丰富美育教育环境的重要构成。

艺术环境是高职院校美育教育环境的重要组成部分。学校应配备建设美育教育相关的设施和场所，如美术馆、音乐厅、剧场等，供学生参观、展览、演出等。这些场所可为学生提供艺术交流和展示的机会，提高学生的创造能力。

因此，良好的美育教育环境不仅能传承和弘扬传统文化，也能为学生提供个性发展和全面发展的机会。这意味着高职院校在营造美育教育环境时，要有主动意识、创新思维。只有这样，才能更好地满足学生对美育教育的需求，进一步提升高职院校的教育质量。

（二）美育教育环境的分类

1. 按性质划分

校园环境、教室设施、美术馆、音乐厅等都属于物质性质的美育教育环境。这些环境通过营造艺术氛围和提供相应的教学设备，为学生创造了良好的美育学习条件。

2. 按功能划分

美育教育环境具有不同的功能，例如美术教室、音乐教室、舞蹈工作室、表演艺术中心等。这些环境为学生提供了进行艺术实践和表演的场所，有利于培养学生的创新意识和审美能力。

3. 按效果划分

高职院校中专门用于展览和展示艺术作品的展览空间，可以给学生提供欣赏和学习经典艺术作品的机会，激发学生的创造力和艺术灵感。同时，美育教育环境中的艺术品和装饰物，如雕塑、壁画等，也可以起到美化校园环境的作用。

总之，高职院校美育教育环境为学生提供了全方位、多角度的美育学习机会。高职院校应在美育教育环境的构建中注重综合考虑不同需求，为学生提供更加多元的美育教育环境。

（三）美育教育环境的重要性

高职院校美育教育环境的重要性不容忽视。高职院校美育教育环境的良好与否直接影响着学生的学习和成长。良好的美育教育环境可以为学生提供舒适的学习场所，激发学生的学习兴趣和创造力。例如，拥有明亮教室、舒适座椅和美观装饰的教学楼，会让学生感到心情愉快，更容易投入学习。

高职院校美育教育环境的良好与否会影响学校的形象和声誉。拥有美丽校园、文化氛围浓厚的高职院校，会给人留下深刻的印象。外界对学校的评价大多也与学校的校园环境有关。如果学校的美育教育环境被重视且及时进行优化和营造，必然会给人一种积极向上、注重教育质量的感觉，从而提升学校的声誉。

高职院校美育教育环境的良好与否还会影响教职员工的教学效果和工作积极性。拥有良好美育教育环境的高职院校，能为教师提供良好的工作平台和舒适的工作环境。教师在美丽的校园中工作，会感到心情愉悦。良好的美育教育环境也能为教师提供更多的教学资源和创新空间，促进他们不断提高教学质量和创新能力。

总之，高职院校美育教育环境的重要性体现在多个方面。它直接关系到学生的学习和成长，也可能会影响学校的形象和声誉，同时，对教职员工的工作效果和积极性也有重要影响。高职院校应高度重视美育教育环境的营造和优化，为学生和教师提供一个良好的学习与工作环境，从而促进高职院校美育教育的全面发展。

二、特点与优势

（一）美育教育环境的特点

1. 实践性

高职院校美育教育的实践性可以体现在多个方面，比如学校会使用艺术专业的实验室、工作室等设施，为学生提供一个真实的艺术创作和实践场所。学生在这种实践性的环境中，能够更加深入地理解和掌握艺术知识，锻炼和提升自己的实践能力。

2. 交互性

交互性是指学生和教师之间、学生与学生之间，以及学生与艺术作品之间进行的交流和互动。学校通常会组织各种形式的艺术活动，如演出、展览和比赛等，让学生有机会与他人共同分享艺术创作的成果。通过这种交互性的体验，学生能不断拓展自己的视野，培养合作精神和团队意识。

3. 趣味性

学校通常会采取各种方式来丰富教育环境，使之既能满足教学需求，又能激发学生的学习兴趣。比如，美术学院会举办艺术创作比赛，音乐学院会组织音乐会，舞蹈学院会举办舞蹈展演等。开展这些趣味性的活动，能让学生更加主动地参与艺术学习和实践，提高学习的积极性和主动性。

4. 综合性

综合性是指学校会提供多元的美育课程和资源，满足学生的不同需求和兴趣。要重视美术、音乐、舞蹈、戏剧等艺术门类的教学，让学生可以根据自己的兴趣进行选择。同时，学校也要积极与社会文化机构、专业艺术团体等合作，为学生提供更丰富的艺术资源和高效的交流平台。

总之，高职院校美育教育环境的特点主要包括实践性、交互性、趣味性和综合性。这些特点促进了学生审美素养的培养。在今后的发展中，要进一步加强高职院校美育教育环境的建设，并且不断优化和完善。

（二）美育教育环境的优势

高职院校美育教育环境以其独特的优势，在培养学生综合素养和提升专业技能方面发挥着积极作用。

高职院校美育教育环境具有多元化的优势。多元化指的是美育教育环境涵盖了多个方面，包括校园建筑、教室设施、艺术展览馆、艺术创作室等。这样的多元化优势为学生提供了丰富的学习和实践机会。学生可以通过参观展览、参与艺术创作等，深入了解不同艺术形式和风格，拓展自己的艺术视野。

高职院校美育教育环境促进实践与应用。美育教育环境不仅提供了丰富的艺术资源，还促进学生的实践能力培养。例如，在艺术创作室中，学生可以学习并掌握不同的艺术技法和工艺制作方法，通过实践提升自己的艺术技能。高职院校美育教育还与相关产业结合，将学生的创作成果应用于设计、展览、文化传媒领域，让学生的艺术实践与现实需求相契合。

高职院校美育教育环境促进个性化发展。在这样的学习环境中，学生可以接触和学习传统艺术，还可以发挥个性和创造力。例如，在艺术展览馆中，学生可以展示自己的作品，通过与他人的交流互动，不断完善自己的艺术创作。这种促进个性化发展的环境有助于培养学生的独立思考能力和创新意识，让他们在艺术领域中获得更多的发展空间。

综上所述，高职院校美育教育环境与普通高等教育环境相比，具有突出的优势。高职院校美育教育环境能有效激发学生的艺术创造力，提高学生的鉴赏能力和审美情趣，为学生未来的职业发展提供有力的支持。

三、营造与优化

（一）美育教育环境的营造

在高职院校中，营造良好的美育教育环境是实现教育目标的重要途径。为了有效开展美育教育，需要采取一系列策略来营造具有独特优势的美育教育环境。

1. 营造美育教育氛围

高职院校要将美育教育融入到学校的全员教育体系中，形成一种全员参与的理念，促进美育教育的全面发展。学校可以组织美育教育培训，提高教师的美育教育意识和能力；学校要重视学生的参与，鼓励他们积极参与美育活动，培养他们的审美能力。

2. 提供美育教育资源

美育教育需要丰富的资源作支撑，学校可以积极建设美术馆、艺术展览馆等文化场所，为师生提供展览、观摩的机会。学校还可以与本地的文化机构、艺术团体等建立合作关系，共同开展艺术交流活动，提供多元的艺术交流方式。

3. 完善美育教育设施

优质的美育教育环境需要良好的教育设施和设备支持。学校可以投入部分资金，改善教室、工作室、实验室等教学场所的条件，营造良好的学习和创作环境。学校还可以积极引进先进的技术设备，如数字美术设备、虚拟现实技术设备等，全面提升美育教育的教学水平。

4. 注重美育教育创新

美育教育环境不仅需要营造，还需要持续改进和创新。学校可以定期开展美育教育评估，了解教育环境的不足和需求，进一步完善教育策略。同时，学校要积极引导教师参与美育教育研究，推动理论和实践的相互促进，为美育教育环境质量的提升提供持续的动力。

因此，只有通过持续的努力和创新，我们才能建立一个充满艺术氛围和教育氛围的美育教育环境，为学生的全面发展提供支持。

（二）美育教育环境的优化

高职院校要建立完善的美育教育管理制度。这包括设立专门的美育教育部门或相关岗位，明确责任分工，制定规范的操作流程，从而确保美育教育的顺利开展。要加强师资队伍建设，提升教师的专业素养和美育教育水平。可以组织培训、学术交流等，不断提升教师的教育能力和艺术修养。要注重美育教育资源的整合和开发。通过与博物馆、画廊、艺术家等机构和个人合作，争取更多的艺术展览、讲座、工作坊等资源，丰富学校的美育教育内容，提高师生的艺术鉴赏能力和创造力。要加强设施设备的建设，提供良好的学习和创作环境。美术教室、音乐教室、舞蹈教室等专门场所的建设和设备更新，有助于提高学生的学习热情和创作能力。

高职院校还要注重美育教育的跨学科融合。美育教育不仅是一门学科的教育，还应该与其他学科相互融合，形成良好的互动。可以组织跨学科的课程设计、项目研究等，激发学生的创造力和创新思维。同时，也要注重美育教育的社会参与。学校可以积极与社会各界合作，促进美育教育与社会实践的结合。例如，组织学生参观艺术展览、参与社区文化活动等，让学生亲身感受，增强他们对美的理解。

综上所述，高职院校美育教育环境的优化是一项系统工作，需要多方面的努力。通过建立管理制度、提升师资队伍素质、整合美育教育资源、营造良好环境、跨学科融合和促进社会参与等，能真正实现高职院校美育教育环境的优化。这将为学生提供更广阔的发展空间，为高职院校美育教育事业注入新的活力。

第二节　高职院校美育教育的资源保障

一、基本内涵

（一）美育教育资源的定义

美育教育资源是指为高职院校开展美育教育所准备或提供的各种具体素材、设施、活动和支持。美育教育资源的范围包括教学设备、艺术作品、图书资料、实践场所、艺术家讲座、艺术活动等。美育教育资源是支撑美育教育实施的重要基础，它能为学生提供丰富的学习机会，有助于培养学生的审美能力、创造力和综合素质。

美育教育资源可以理解为教师和学生共同参与或使用的一切可以促进美育教育实施的物质和非物质资源。这些资源包括实体的艺术品和设施，还包括教学设计、教材、教具、信息技术等。美育教育资源还是学生进行美育实践的基础，它为学生提供多元的学习机会和实践场所，培养学生的审美观念、创作能力和创新意识。美育教育资源也包含专业团队、艺术家、学者和其他专业机构的支持，为学生提供艺术导师、示范演出、讲座和丰富的艺术资源。

在高职院校中，美育教育资源的类型多种多样。其中，最常见的资源包括艺术品、艺术装置、教学设备、图书资料、博物馆、画廊等。艺术品和艺术装置是美育教育资源的重要组成部分，它们具有丰富的艺术性和审美价值，能够激发学生的思考。教学设备是支持美育教育实施的重要工具，例如音乐教室的乐器、美术教室的画板和颜料等。图书资料是美育教育资源的重要载体，图书馆中的相关艺术书籍和资料能为学生提供丰富的知识。实践场所包括音乐厅、艺术工作室等，它们为学生提供了创作的场所和条件。

美育教育资源还具有一些共同的特性。开放性和共享性是美育教育资源的重要特点。美育教育资源应对学校师生开放，鼓励共享和互通有无。多样性和丰富性是美育教育资源的另一特征。资源的多样性能够满足学生不同的兴趣和需求，丰富性能够丰富学生的艺术体验和学习内容。可持续性和更新是美育教育资源的关键。资源的可持续性意味着资源的使用和维护需要长期规划和管理，同时需要及时引进新的资源和技术，以满足美育教育发展的需要。

总之，了解美育教育资源的定义和类型，有助于高职院校更好地开发、利用、整合和管理这些资源，提升美育教育的质量。

（二）美育教育资源的类型

美育教育资源也是为高职院校的美育教育活动提供支持的各种资源，包括物质资源、人力资源和信息资源等。

1. 物质资源

物质资源是美育教育不可或缺的一部分。美术教室、音乐教室、舞蹈演播厅等专门的教学场所，为学生学习和实践提供了便利。另外，各类乐器、画笔、颜料等工具也是美育教育中必备的物质资源。这些物质资源的充足程度将直接影响学生的学习体验和艺术表现能力。

2. 人力资源

在美育教育中，人力资源的作用也不可忽视。教师是美育教育的核心，他们的专业能力和教学经验直接影响教育活动的质量。高职院校应注重培养和引进优秀的美术、音乐、舞蹈等专业教师，提高教师队伍的素质。学校还应鼓励学生积极参与美育教育活动，挖掘学生的艺术潜能，为美育教育资源的开发与利用提供更多的支持。

3. 信息资源

当下，信息资源在美育教育中的重要性日益凸显。随着信息技术的发展，学校可以依托互联网和多媒体设备，提供丰富的数字化资源，包括美术作品、音乐演奏录像、舞蹈表演视频等。这些数字化资源的共享和传播，拓宽了美育教育资源的边界，也为学生提供了跨学科学习和交流的机会。同时，学校还可以建立美育教育资源的在线平台，供教师和学生自由获取和分享各种学习资料。

总之，学校应积极开发、整合和利用这些资源，为学生提供良好的学习环境。通过充分挖掘美育教育资源的潜力，高职院校能更好地满足学生的学习需求，培养出具有创造力的高素质人才。

（三）美育教育资源的特性

美育教育资源具有多样性。美育教育资源的类型多种多样，包括美术作品、音乐作品、舞蹈表演、戏剧演出等，涵盖了多个艺术门类。这些多样性的资源，为高职院校提供了广泛的选择和丰富的教育内容，有利于满足学生多元化的学习需求。

美育教育资源具有可持续性。美育教育资源通常在创作和表演之后，并不会消失，而可以通过不同方式进行记录和保存。例如，依托美术馆、音乐厅、数字媒体等，这些资源可以被保存下来，供后续的教学和研究使用。这种可持续性的特点，保证了美育教育资源的长期使用价值。

美育教育资源具有开放性。美育教育资源不仅局限于高职院校内部，还可以与社会资源交流融合，实现资源的共享。通过与社会的合作，高职院校可以借助外部资源丰富美育教育的内容和形式，为学生提供更好的学习平台。同时，在开放性的基础上，美育教育资源也可以成为高职院校与社会交流的桥梁，促进文化的繁荣发展。

美育教育资源还具有个性化的特点。不同的美育教育资源有其独特的风格、特点和表现形式。这些特点可以满足不同学生的审美需求和兴趣爱好，培养他们的创造力和想象力。使用个性化的美育教育资源，高职院校可以培养学生的个性化美学观念，提高学生的艺术表现力和创作能力。

因此，高职院校在开发与利用这些资源的过程中，应充分发挥它们的特点，为学生提供更有意义的美育教育。同时，高职院校还应关注资源的整合与共享，以及资源的管理与维护，为美育教育的可持续发展提供保障。

二、开发与利用

（一）开发策略

在开发高职院校美育教育资源的过程中，制定合理的开发策略是非常重要的。选择科学的策略，可以确保资源的有效开发，进一步提升美育教育的质量。

在制定策略的过程中，需要明确资源的定义与类型。美育教育资源包括物质资源和非物质资源。物质资源主要指各类实物设备、仪器等，如美术馆、音乐厅、舞蹈室等；非物质资源是指教师队伍、专业课程、教学方法等。明确资源的类型有助于针对性地完成开发工作，使其更贴合实际需求。

制定开发策略需要注重整合资源并实现资源共享。高职院校内部应加强学院之间、专业之间的合作与协调，将不同学科领域的美育教育资源整合起来共同开发和利用。学校还应积极与外部社会资源合作，建立合作关系，共享更多的教育资源，提升美育教育水平。

制定开发策略还需注重资源的管理与维护。美育教育资源的管理涉及资源规划、资金分配、设备维护等方面。高职院校应建立健全资源管理机制，制定明确的资源管理准则，确保资源的有效利用。对于设备来说，要定期维护和更新，保障其正常运行。

开发策略的有效性也需要进行效果评价。通过评价，可以了解资源利用的效果和存在的问题，进一步改进策略和提高资源开发效率。评价可以选择定性和定量的方式进行，例如学生满意度调查、教育成果展示等。

因此，制定科学合理的开发策略，能更好地开发和利用美育教育资源，促进高职院校提升美育教育水平。

（二）利用方式

在高职院校中，美育教育资源的一种常见利用方式是开展实践活动。高职院校可以组织学生参与各种实践活动，如参观美术馆、举办艺术展览等，提升学生的审美情操和艺术修养。这样的实践活动既可以在校内组织，也可以利用校外资源，如与博物馆、美术馆、剧院等合作，共同举办文化艺术活动，丰富学生的学习体验。

借助现代科技，依托数字技术使用美育教育资源也是一种重要的方式。高职院校可以建设数字化美育资源库，整合和存储各种艺术作品、音乐、影像等资源，并借助网络平台进行共享和传播。学生可以通过多媒体教学、在线学习等途径，进行自主学习，提高艺术鉴赏水平。

合理利用学校内部的美育教育资源也是一种值得探索的方式。高职院校可以建立艺术课程体系，通过课程设置和教学方式的创新，让学生在各个专业中都能接触到艺术元素和艺术表达方式。学校还可以培养一支专业的美育教育师资队伍，为学生提供专业的美育指导。

要实现高职院校美育教育资源的有效利用，还需要注重评价效果。评价可以从学生的角度出发，采用问卷调查、成果展示等方式，对学生的艺术素养提升情况进行评估。同时，也可以从教师的角度出发，通过教学反思、教学观摩等，不断提升美育教育资源的利用率。

总之，通过不同方式的有机组合，高职院校可以更好地发挥美育教育资源的功能，促进学生全面发展，提高美育教育质量。

（三）效果评价

通过评价，可以了解资源的使用情况以及效果是否达到预期目标，进而为资源的合理利用提供依据。

我们可以从学生的角度来评价美育教育资源的利用效果。通过观察学生在资源利用过程中的表现，评估他们对艺术知识和技能的掌握程度。例如，在视觉艺术教育资源利用方面，可以观察学生的绘画作品，评估其构图、色彩运用、表现力的水平。我们还可以组织学生的自我评价和互评，借助评分系统对学生的艺术作品进行评级，从而客观评估他们的艺术素养和相关技能的提升情况。

教师的评价也是不可或缺的一部分。教师可以观察学生的学习态度、参与情况和作品的创作过程，对学生的艺术表现进行评价。教师还可以定期组织学生展示作品，邀请专家进行评审，从专业角度评价学生的作品质量和创作水平。教师也可以与学生交流，了解学生对美育教育资源的感受，评估资源对学生的启发作用。

除了学生和教师的评价，还可以借助专业工具对美育教育资源的利用效果进行评价。例如，可以使用量表或调查问卷，从学生、教师和专家的角度收集意见和反馈。通过统计和分析数据，可以客观评估资源的影响程度。学校可以采用实地考察的方式，观察学生在美育活动中的表现，通过直接观察和记录来评价资源的利用效果。

需要注意的是，效果评价是一个持续的过程，而不是单次的检验。不同阶段和不同形式的美育教育资源都应接受评价，以便及时改进资源的开发与利用策略。同时，评价结果应及时反馈给相关的教育管理者和决策者，以供他们制定相应的政策，促进美育教育资源的有效运用。

综上所述，对高职院校美育教育资源的利用效果进行评价是非常重要的。通过专业评估，可以全面了解资源的利用情况，为资源的合理开发提供参考依据。

三、整合与共享

（一）整合方法

在高职院校美育教育资源的整合过程中，一种有效的方法是建立资源集散中心，将各类美育教育资源进行统一管理。资源集散中心的建立可以依托专门的美育教育资源整合机构来实现，该机构负责收集、整理和归档各类美育教育资源，这些资源包括各类艺术作品、文献资料、教学方案等。

在整合过程中，需要确定整合的范围和内容。高职院校的美育教育资源涉及广泛，包括绘画、音乐、舞蹈、戏剧等多个方面。在整合过程中，要根据不同的资源类型和特点，制定相应的整合策略和方法。

学校可以利用现代信息技术进行资源整合。例如，建立数字化资源库，将各类美育教育资源进行数字化存储和管理。这样，不仅方便资源的检索和共享，还可以保证资源的长期保存和使用。

整合方法还包括与其他机构或组织进行合作。例如，高职院校可以与美术馆、音乐学院、舞蹈团体等保持合作，共同开展美育教育资源的整合工作。通过共同努力，可以将各类资源整合在一起，创造更加多样化的美育教育资源。

需要注意的是，在进行资源整合的过程中，需要确保资源的质量和可持续利用。在选择资源的时候，需要进行严格评估。只有确保资源的质量和教育价值，才能为高职院校的美育教育提供有效的保障。

总之，在整合的过程中，需要将资源的质量和可持续利用作为重要考虑内容，以确保美育教育资源的有效开发和利用。

（二）建立共享平台

共享平台是高职院校美育教育资源共享的重要媒介，它为教育机构和教师提供了分享美育教育资源的便利。

1. 明确共享目标

共享平台的目标是通过整合各所高职院校的美育教育资源，为学生提供更加全面、优质的美育教学。在建立共享平台的过程中，需要明确共享的资源范围，包括教育课程、教材、教学资料、艺术作品等。同时，还需要确定共享的目标，例如提高学生的综合素质、促进学生的创造力发展等。

2. 发挥平台功能

共享平台应具备先进的技术支持，能够方便快捷地实现资源的上传、下载和共享。平台功能需要满足教师的需求，例如允许教师上传自己的教育资源，让学生选择自己感兴趣的美育教育课程等。还需具备数据分析和评价功能，对共享资源的使用情况进行评价，以便进一步提升共享效果。

3. 重视用户体验

用户体验是共享平台能否得到广泛应用的重要因素。在平台的设计和运营过程中，需要满足用户需求，提供简洁、直观、易用的界面和操作方式，并及时解决用户反馈的问题，确保用户能顺利使用平台。

4. 明确主体责任

高职院校应充分认识共享平台对美育教育资源整合的重要性，并积极参与平台的建设和运营。高职院校可以提供教育资源，参与资源的质量评估和审核，同时也可以通过平台获取其他高校的优质资源。只有充分发挥学校的主体作用，共享平台才能更好地服务于美育教育事业。

（三）建立共享机制

为了有效开展高职院校的美育教育资源共享工作，需要建立科学、完善的共享机制。

1. 完善共享平台

共享平台既可以是基于互联网技术的在线平台，也可以是实体的资源中心或图书馆。使用共享平台，高职院校可以将自己的美育教育资源整合起来，集中管理和共享。无论是教学资料、教案、教学视频还是艺术作品展览、学术论文等，都能在平台上完成统一的发布。

2. 规范管理流程

高职院校应组建专门的管理团队来负责资源的分类、整理和审核工作。他们需要对资源进行详细分类，确保每种资源都能做到正确标识和注释。同时，他们还需要制定有效的审核机制，确保共享平台上的资源符合相关教育标准的要求。

3. 加强宣传培训

高职院校应利用各种渠道宣传共享机制的意义和价值，让教师和学生了解共享资源的好处，并且能积极参与到共享机制中来。为了更好地管理共享资源，高职院校还需要组织相关的培训活动，提高教师和管理人员的管理能力。

4. 定期评价反馈

高职院校可以采用调查问卷、专家评审等方式来评价共享机制的实施效果，以及共享资源对教学和学习的影响。然后根据评价结果，及时调整和优化共享机制，进一步提升共享资源的质量和使用率。

四、管理与维护

（一）管理模式

在开展高职院校美育教育资源的管理工作时，选择合适的管理模式是非常重要的。

1. 项目管理

该模式将美育教育资源管理看作是一个项目，通过明确项目目标、划定项目范围、制定详细工作计划和时间表，以及分配合适人员完成。这种模式强调项目的整体性和系统性，能够高效组织和协调各项资源，实现管理目标。然而，该模式需要专门的项目管理人员，而且难以灵活应对资源的动态变化。

2. 网络管理

该模式借助信息技术和互联网平台，将各类美育教育资源进行数字化整合和网络化管理。依托专门的美育资源管理平台，教师、学生和管理者可以方便地共享、交流和使用资源。这种模式具有灵活性和便捷性的优势，可以实现资源的高效共享。然而，该模式需要建立健全信息系统和网络平台，对于学校而言，需要投入较大的资金。

3. 合作管理

该模式强调学校与社区的合作与互动，通过与社会各界合作，共同完成美育教育资源的管理和维护。学校可以与艺术机构、文化组织、社会团体等建立合作关系，共同开展美育活动，共享资源和经验。这种模式可以增强资源的多样性，提高学生的创造力和表达能力。然而，该模式需要较强的组织和协调，同时也需要解决学校与外部合作对象之间的信息交流问题。

因此，不同的管理模式有不同的特点和适用场景，学校要根据自身情况和需求选择合适的模式。重要的是，无论采用何种管理模式，都要确保资源的合理利用，以提升美育教育的质量。

（二）管理策略

高职院校应建立专门的管理机构或部门来负责美育教育资源的管理工作。这个机构可以由专门的管理人员和专业的教育资源管理人员组成，他们要具备相关的学科知识和管理经验，能够有效管理和维护美育教育资源。

在管理过程中，高职院校需要建立健全美育教育资源管理制度。这包括明确资源获取渠道、资源选题、资源制作、资源存储和资源更新的标准和步骤。制定科学的管理制度和流程，有助于确保美育教育资源的有效开发和利用。

高职院校应积极促进信息技术在美育教育资源管理中的应用。借助相关信息技术，可以实现美育教育资源的数字化储存和精细化管理。依托统一的资源管理平台，教师和学生可以方便地浏览、搜索和下载所需的美育教育资源，从而有效提高资源的利用率。

高职院校还应鼓励教师和学生参与美育教育资源的管理和更新工作，并提供相应的培训。教师可以根据实际需求制作和整理美育教育资源，并将其上传至资源管理平台。学生可以参与资源的评估和反馈，提供改进建议。

高职院校也可以与其他学校或机构合作，共享美育教育资源。通过建立联盟或合作网络，可以实现美育教育资源的共享和交流，扩大资源的覆盖范围并增强资源的多样性。这样可以充分发挥资源的共享作用，提高美育教育的质量。

高职院校也需要定期进行美育教育资源的评估和反馈。收集教师和学生的反馈意见，可以了解资源的质量和有效性，并及时修改和完善。同时，要根据实际需要和发展趋势，对资源进行及时更新和调整，确保资源的适用性。

总之，高职院校在美育教育资源的管理中应采取多样化的管理策略，包括建立管理机构、制定管理制度、应用信息技术、鼓励师生参与、合作共享资源，以及定期评估。通过这些管理策略的有效实施，可以保障美育教育资源的良好管理，提高美育教育的效果。

（三）维护措施

在美育教育资源的维护过程中，高职院校要充分认识资源的特殊性，以及其对教育工作的重要性。

1. 定期保养教学设备

这包括检查设备的运行状况，维修损坏的设备，更换老化的设备等。相关设备的定期保养和维修，可以保证美育教育资源的良好使用状态，提高资源的使用寿命，确保其长期为教育工作提供支持。

2. 建立健全管理系统

所有与美育教育资源相关的文件、资料和信息都应准确记录和归档。这可以帮助管理人员更好地掌握资源的使用情况，及时了解不同教学的需要，方便做出相应的决策和调整。

3. 加强资源保密工作

高职院校的美育教育资源是宝贵的财富，包含了各种有价值的教育资料和重要文献。强化美育教育资源的安全性和保密性，可以防止资源被滥用或泄露，维护学校的声誉。

4. 重视师资队伍建设

教师是美育教育资源的直接使用者和管理者，他们的专业素养和管理能力直接影响资源的利用效果。高职院校要为教师提供定期的培训和学习机会，使其具备丰富的美育教育知识和管理技能，能够更好地利用和保护资源。

5. 维护资源共享平台

可以与其他高职院校或者教育机构开展合作交流，建立资源共享平台或机制，最大程度优化资源的利用效果。同时，与其他机构的合作还可以拓宽学生的视野和提升跨学科研究能力，从而提高美育教育水平。

综上所述，高职院校要充分发挥管理人员的主导作用，加强各方面的沟通协调，确保各项工作有序进行。只有开展持之以恒的维护工作，我们才能更好地保护和利用美育教育资源，为教育事业的发展做出更大的贡献。

第三章　高职院校美育教育的方法

第一节　情境创设法

一、情境创设法概述

（一）情境创设法的概念

情境创设法的核心思想是通过构建真实或虚拟的情境场景，让学生在具体的情境中学习和实践，从而提高他们的学习效果和实际应用能力。

情境创设法包含两个关键要素：情境和创设。情境是指一种特定的环境或背景，可以是真实场景，也可以是虚构场景。创设则是在这个情境下，教师设计和组织各种教学活动，促使学生参与到情境中，通过实践来实现教学目标。

使用情境创设法，学生能够在有意义的情境下学习。这种有意义的情境把学生解放出来，让他们能够跳出书本，融入到真实的生活或职业场景中去。通过情境创设，学生可以更好地理解和应用所学知识，提高自己的实际应用能力。

情境创设法的核心是学以致用，即学习不再只是为了获得知识，而是为了能够将所学的知识应用到实际生活中。在美育教育中，情境创设法可以帮助学生更好地理解美育的概念，培养他们的审美意识和创造能力。通过参与真实的情境，学生可以体验美育的影响，从而更深刻地感受美育的力量。

总之，情境创设法是一种有效的教学方法，在高职美育教育中具有重要的作用。通过构建真实性的情境场景，能够激发学生的学习兴趣和主动性，提高他们的学习效果和实际应用能力。

（二）情境创设法的理论基础

教育理论认为学习不仅是知识的传递，更是对学生全面发展的促进。学生通过情境创设法可以将课堂中的学习与现实生活相联系，从而更好地理解和应用所学知识。情境创设法通过创造真实或情感上有共鸣的情境，激发学生的兴趣和主动性，提供了良好的自主学习环境。

情境创设法与认知心理学理论有关。人的认知是经过感知、注意、记忆、思维等过程完成的，情境创设法将学习情境创意地设计，让学生在学习过程中能够全面提高自己的认知能力。例如，在艺术课堂上，通过模拟艺术创作过程的情境，可以培养学生的观察、分析、思考等认知能力，提高他们的艺术表现力。

社会学习理论也为情境创设法的实施提供了支持。社会学习理论认为，人的学习不仅是个体内部的认知，还受到社会环境和他人的影响。情境创设法通过创造合作、互动的学习环境，促进学生与他人的合作交流，培养他们的团队合作意识。

情境创设法的实施需要借助先进的教育技术和教学工具，如多媒体教学、虚拟实境等。这些技术和工具为情境创设法的有效实施提供了支持，让学生更加直观地感受与互动，增强学习效果。

总之，教育理论、认知心理学理论、社会学习理论以及教育技术等方面的理论为情境创设法的有效实施提供了理论基础。在高职美育教育中，借鉴这些理论，将情境创设法有机融入教学实践中，可以促进学生全面发展。

（三）情境创设法的适用性

在高职院校的美育教育中，情境创设法具备广泛的适用性。情境创设法能够帮助学生更好地融入学习环境，创造情境学习氛围，学生能更加主动地参与学习，激发学习兴趣，提高学习效果。

1. 培养实践能力

使用情境创设法教学，学生不再是被动的接受者，而是积极参与到情境中，通过实践、探索和合作来获取知识和技能。这种学习方式能培养学生的解决问题的能力，掌握实际操作技巧，增强学生的创新思维和实践能力。

2. 促进跨学科学习

在情境创设法的教学中，不同学科的知识和技能得到了有机整合。学生需要运用多种学科的知识和技能来解决情境中的问题，从而帮助他们具备跨学科的思维方式和解决问题的能力。

3. 提高理解能力

通过将知识置于具体的情境中，学生更容易将知识与实际应用相结合，保留印象深刻的记忆，加深对知识的理解和掌握。

因此，情境创设法具有广泛的适用性。它能激发学生的学习兴趣，培养学生的实践能力，提高学生的综合能力，并帮助学生更好地理解和记忆知识。在高职院校的美育教育中，情境创设法是一种值得推广和应用的教学方法。合理运用情境创设法，可以提升学生的综合素养，培养他们的创新思维，为其未来的职业发展奠定坚实的基础。

二、情境创设法的实施

（一）设计情境的原则与技巧

设计情境是情境创设法的核心内容之一，它对于美育教育的有效实施至关重要。在设计情境时，要遵循一些原则和运用一些技巧，以确保情境的有效性。

设计情境时应注重情境的真实性和可行性。情境应当与学生的实际生活经验相关，并且能够在课堂中得以实施。以学生的校园生活为背景，或者以社会实践活动为情境，都能增加学生的参与度，从而达到更好的教学效果。

情境设计应强调学生的主体性。情境应能激发学生的主动性和创造力，让学生在情境中进行自主探究和实践。例如，可以设计一些开放性的情境，让学生根据自己的兴趣和需求进行选择，从而培养他们的创新思维和问题解决能力。

情境的设计还应充分考虑学生的需求。不同年龄段的学生在认知、情感、社交等方面存在差异，因此情境的设计需要根据学生的年龄特点进行针对性的调整。例如，在低年级阶段，可以通过游戏和趣味性的情境来吸引学生的注意力；而在高年级阶段，可以设计一些富有挑战性的情境，促进学生的能力提升。

设计情境时还需要考虑情境与学科知识的融合。情境创设法旨在通过情境的激发和引导，帮助学生掌握和运用学科知识。在情境的设计中，需要将学科知识与情境紧密结合起来，让学生在实践中学到知识，同时又能将所学知识应用于问题的解决过程中。

总之，注重情境的真实性和可行性、强调学生的主体性、考虑学生的发展特点和需求，以及将学科知识与情境融合，我们能够设计出具有一定挑战性和启发性的情境，提升学生的学习主动性，实现美育教育的目标。

（二）结合课程教学实施

我们要根据不同的课程内容，设计与之相适应的情境。课程教学的目标和内容对情境创设来说非常重要。可以采用举例子的方式，引入真实的情境，让学生更好地理解和应用所学知识。我们也可以设计各种情境，例如模拟实验环境、角色扮演、实地考察等，来激发学生的学习兴趣。

在情境创设过程中，要注重培养学生的合作和沟通能力。参与团队合作，让学生在情境中扮演不同的角色，共同解决问题。在这个过程中，学生需要相互合作，交流思想，共同协商和决策。这样能够培养学生的团队意识和沟通能力，让他们在实际生活中更好地应对各种情境。

评价和反馈也是情境创设法中不可忽视的环节。教师要及时评价学生在情境中的表现，并给予反馈。评价包括对学生合作能力、沟通能力、问题解决能力等方面的评价。通过评价和反馈，学生能及时了解自己的不足，从而根据反馈做出相应调整。

总之，结合课程教学实施情境创设法能够提高学生的学习效果。在实施过程中，要根据课程内容设计合适的情境，培养学生的合作和沟通能力，同时建立完善的评价和反馈机制。这样才能真正实现美育教育的目标，提升教学水平。

（三）建立评价反馈机制

通过有效评价和及时反馈，可以确保教学效果的可衡量性，还可以帮助教师和学生更好地了解学习情况，促进教学的改进和学生能力的提升。

在评价和反馈机制的建立中，要注重多样化评价。传统的考试测评大多只能衡量学生的知识掌握程度，但在美育教育中，要更多地关注学生的创造力、审美能力和艺术实践能力。除了传统的书面考试外，可以运用口头演讲、展示、书面报告、艺术作品展示等多种方式来评价学生的美育水平。

及时反馈对于教学的持续改进来说至关重要。教师在给予学生反馈时，应该及时、明确地指出学生的优点和不足，并给予具体的改进意见。教师还可以鼓励学生进行自我评价和同学互评，以促进学生之间的交流和学习互助。通过反馈，可以帮助学生及时调整学习策略，提高学习效果。

评价和反馈机制的建立还需要注意平衡性和公正性。评价应该全面客观地反映学生的实际水平，避免单一指标评价的局限性。评价还应该公正地对待每个学生，避免主观偏见。教师在评价和反馈过程中应确保公正和透明，避免给学生带来负面影响。

因此，教师应该注重评价和反馈的全面性和客观性，关注学生的个体差异并给予具体的指导。评价和反馈应该成为教学过程中的基础环节，从而促进学生全面发展。

三、情境创设法的影响

（一）教师角色的转变与调整

在情境创设法的美育教育中，教师需要扮演更加多样化的角色。教师不仅是知识的传输者，更应该成为学生情感、审美和创造能力的引导者和塑造者。

教师需要成为学生的合作对象和指导者。在情境创设法教学中，学生通常处于一个开放、自主、合作的学习环境中。教师应该与学生一起参与美育活动，共同探索美的世界。教师应该扮演指导者的角色，引导学生在情境中发现、理解和分析美的要素，培养他们的审美能力和创造力。

教师需要成为学生的观察者和评价者。情境创设法注重学生的感知和体验，教师应该密切观察学生在情境中的表现。通过观察学生的行为、情感和思维过程，教师可以及时了解学生的学习需求，从而对学生进行个性化的指导和评价。教师的评价不仅是对学习成果的评判，更应该注重对学生成长的评估。

教师需要成为学生的启发者。在情境创设法的美育教育中，教师应该激发学生的兴趣，强化他们对美的独特感知。教师可以提供丰富的素材和资源，鼓励学生进行艺术创作和表达。教师应该布置开放性问题、引导学生思考，启发学生的思维和想象力，帮助他们主动探索美的内涵。

教师需要成为学生的支持者。在情境创设法的美育教育中，学生可能会遇到各种困难和挑战，教师应该给予他们积极的支持和指导。教师应该关注每个学生的学习过程，及时发现他们的困惑和问题，并提供相应的解决策略。同时，教师还应该给予鼓励和肯定，激励学生克服困难，坚持学习，让他们在美育教育中得到更好的发展。

因此，教师通过转变和调整角色，能够更好地促进学生在情境创设中的学习和发展，提升美育教育的效果。

（二）学生参与度的提升与培养

在高职院校美育教育中，提升学生的参与度是非常重要的。使用情境创设法，可以有效激发学生的积极性，培养其主动参与美育教学的兴趣。

要提升学生的参与度，教师需要创设多样化的情境，以吸引学生的注意力。例如，在美育课堂上，可以设计一些与学生实际生活相关的情境，让学生在其中发现美、体验美，并提出自己的见解。通过引入社交互动和团队合作的内容，让学生在情境中合作与交流，增强他们的参与感。

教师还需要充分利用技术手段来提升学生的参与度。例如，使用多媒体教学资源、网络学习平台等，可以将学生置于虚拟的情境中，使他们更加直观地感受艺术作品，进而提升其欣赏能力。利用社交媒体平台，教师可以建立在线学习社群，鼓励学生之间的互动和合作，促进学生的创造力的发挥。

教师还需关注学生个体的学习需求，采用个性化的教学方法来提升学生的参与度。针对不同能力的学生，教师可以提供各种学习任务，让学生按照自己的需求和兴趣进行学习和实践。教师还可以鼓励学生开展自主研究和创作，提供展示和表演的机会，让学生主动参与美育实践。

综上所述，通过创设多样化的情境、利用技术手段和关注学生的个体需求，可以激发学生的积极性，培养其主动参与美育教学的意识。

四、情境创设法的实践效果

（一）提升美育教育水平

情境创设法是一种基于情境设计的教学方法，通过创造真实或虚拟的情境，激发学生的创造力，培养其解决问题的能力。

情境创设法让学生与真实情境接触，增强了学习的实践性和真实性。将学生置于具体情景中，他们能够更好地理解和应用所学知识。例如，在美术课上，教师可以利用仿真画室的环境，让学生感受到真实的艺术创作过程，这不仅增强了学生对艺术创作技巧的理解，也激发了他们的艺术创造力。

情境创设法促进了学生的合作与沟通能力的提升。在情境创设法的教学中，学生需要与他人合作，共同解决问题。这种合作过程可以培养学生的团队合作意识，还能提升他们的沟通能力。比如，在美术创作项目中，学生需要分工合作，共同完成一幅作品，这不仅锻炼了他们的艺术技能，也提高了他们的团队协作能力。

情境创设法还能激发学生的兴趣和主动性。通过创造具有挑战性的情境，学生需要主动探索和解决问题，这能激发他们的学习兴趣和动力。例如，在音乐教学中，教师可以设计一个小型音乐会场景，让学生扮演各种乐器演奏者，通过演奏音乐，在实践中提升他们的音乐表演技能，并强化他们对音乐的认识。

总之，情境创设法在高职院校美育教育中可以增强学生的实践能力，提高合作与沟通能力，激发学生的自主学习动力。在美育教育中，要充分利用情境创设法，为学生提供更多的实践机会，促进他们全面发展。

（二）效果评价

在高职美育教育中，情境创设法已经得到了广泛应用。通过构建具体的情境，情境创设法能够帮助学生主动参与、积极思考，并将所学知识应用于实际情境中，从而提升其综合应用能力。

1. 增强学习主动性

通过构建真实、生动的情境，将学习内容与学生的实际生活相结合，可以让学习变得更加有趣和有意义。学生在情境中能够身临其境地体验所学知识的实际应用，从而增强学习的积极性和主动性。

2. 培养创造力

在情境中，学生需要主动思考、分析并解决问题。他们需要运用所学知识和技巧，结合情境的特点，找到最佳的解决方案。这种锻炼不仅能培养学生的创造力，还能够提高他们的问题解决能力和逻辑思维能力。

3. 提高交流能力

在情境教学中，学生需要与他人合作，共同解决问题。通过与他人的交流和合作，学生能够学会倾听和尊重他人的意见，具备团队合作意识和沟通能力。这对于他们今后的工作和生活都非常重要。

4. 提升综合应用能力

学生需要将所学的理论知识应用于实际情境中，完成创作和表达。通过实际操作和实践，学生能够深入理解所学知识的内涵，并能更好地将其应用于实践中。这有助于提升学生的综合应用能力和实践能力。

总之，情境创设法能激发学生的学习兴趣和主动性，培养他们的创造力和解决问题的能力，增强他们的合作与交流能力，并提升他们的综合应用能力。在美育教育实践中，我们应当积极运用情境创设法，以提高美育教育质量。

（三）改进建议

1. 保证教学资源充足

在使用情境创设法的美育教育中，需要保证充足的教学资源供学生使用。学校可以增加美术、音乐、舞蹈等相关教育设施和器材的供应，同时加强与外部机构的合作，为学生提供更多的展示机会。学校还可建立一个艺术作品库，让学生随时查看学习。通过增加教学资源，可以更好地促进情境创设法在美育教育中的应用。

2. 提高教师专业素养

采用情境创设法的美育教育需要教师具备较高的艺术素养和创造力，有效引导学生进行情境创设和艺术表达。学校应该加强教师的相关培训，使他们能够适应不同情境下的教学需求。学校还应该鼓励教师参加艺术活动和展览，不断提升自己的艺术修养，从而更好地激发学生的艺术潜能。

3. 建立教学评价体系

在基于情境创设法的美育教育中，传统的考试评价方式已较难满足教学需求。为了全面评估学生在各个情境下的艺术表现和综合能力，可以采用多种评价方式，如作品集评价、现场表演评价、艺术创意评价等。学校还可以建立艺术作品展览和学生评价平台，给予学生更多展示和交流的机会，让美育教育成果能够得到广泛认可。

4. 加强校外教学实践

情境创设法强调实践与理论相结合，其中，校外实践在培养学生动手能力和艺术体验方面具有重要作用。学校应该与外部艺术机构和社会组织合作，提供更多的校外实践机会。这些实践活动可以是参观艺术展览、参与社区艺术项目、合作创意设计等，通过与实际环境的接触，有助于学生更好地理解和应用艺术知识，提高他们的实践能力和创造力。

综上所述，采用这些措施，可以更好地发挥情境创设法在高职院校美育教育中的作用，提高学生的艺术表现力和创造力，并增强他们的创新意识。

第二节　启发引导法

一、启发引导法概述

（一）启发引导法的概念

启发引导法旨在通过激发学生思考，引导他们主动学习和探索。它的出现源于对传统教育模式的反思，传统教育大多以讲解为主，忽视了学生的自主思考和创造力培养。启发引导法要求教师提供学习的材料和情境，鼓励学生根据思考和发现来建构知识。

在教育领域，启发引导法得到了越来越多的关注和应用。它与美育教育的关联尤为紧密。美育教育的目标是培养学生的审美情趣、艺术素养和创造能力，启发引导法正是为了激发学生的创造力而设计的。它强调学生根据自身的感受和体验进行艺术创作，通过自主探索和实践来提升美育素养。

启发引导法还强调教师的角色转变。教师不再是传统意义上的知识的灌输者，而是学生的引路人和指导者。他们要提供适当的学习材料和情境，引导学生按照自己的兴趣和能力探索和发现，从而培养学生独立思考和解决问题的能力。

总之，启发引导法与美育教育的目标紧密相连，通过激发学生的主动性和创造性，培养学生的审美情趣和艺术素养。同时，它也要求教师转变角色，成为学生学习的指导者。

（二）启发引导法的理论基础

启发引导法借鉴了认知心理学的理论。根据认知心理学的研究，人们的思维过程是通过主动构建与重建知识结构进行的。启发引导法正是基于这一理论，通过提供新的信息和问题情境培养学生的思维，促使学生自主思考、独立探究，从而深化对美育教育的认识。

启发引导法受到了建构主义理论的启发。建构主义认为，学生通过与环境互动和个人经验积累，主动构建自己的知识。启发引导法恰好符合这一思想，通过设立情境、提供材料和问题，引导学生主动探索、建构美育知识，激发学生的学习兴趣，使其成为美育教育的主动参与者。

启发引导法还受到了社会理论的启发。社会理论认为，知识是社会共同建构的产物，教师的角色是引导和促进学生与社会的互动。在美育教育中，启发引导法充分考虑学生的个体差异，通过启发性的引导让学生从自身经验和社会实践中获得美育知识，从而增强其对美育价值的认同感。

启发引导法也得到了教育学习理论的指导。根据教育学习理论，学习是一种自发的过程，需要学生主动参与和探索。启发引导法强调学生的主体地位，注重在教学过程中充分发挥学生的主观能动性，培养学生的创造性思维和解决问题的能力，使其从被动接受者转变为积极参与者，提高学习效果。

总之，采用启发引导法，可以激发学生的思考、培养学生的自主学习能力，进一步提高美育教育的质量。然而，要充分发挥启发引导法的作用，教师应该具备相关的教学能力和教育理论基础，并在实践中不断创新，以适应不同学生的需求。

（三）启发引导法与美育教育的关联

启发引导法与美育教育有着密切的关联。美育教育的目标是培养学生的审美能力和艺术修养，使其获得全面发展。启发引导法作为一种注重激发学生思考的教学方法，是实现美育教育目标的重要手段。

启发引导法注重培养学生的创造思维。美育教育追求培养学生的审美能力和艺术创造力。通过启发引导法的运用，教师可以向学生提出开放性的问题，培养学生的思维，使他们能够自主思考，从而提升其艺术创造能力。例如，在美育教育中，可以使用启发引导法来引导学生自主创作美术作品，通过解决各种艺术创作难题，培养学生的创造力。

启发引导法注重培养学生的审美能力。美育教育不仅培养学生的艺术欣赏能力，更重要的是培养学生的审美能力。运用启发引导法，教师可以引导学生进行艺术作品的分析和评价，培养学生对不同艺术形式的理解和鉴赏能力。例如，在学习音乐方面，教师可以利用启发引导法引导学生分析音乐作品中的旋律、节奏、和声等，让学生主动思考其音乐性。

启发引导法注重培养学生的合作与沟通能力，这也和美育教育的目标相契合。美育教育促进学生在合作中培养团队意识，并通过艺术作品的创作和展示来发挥个人才华。启发引导法可以帮助学生在合作中共同解决问题，提高沟通和表达能力。例如，在美育教育中，使用启发引导法组织学生参与艺术创作团队，让他们在共同努力中体验艺术创作的乐趣，培养他们在团队合作中的领导能力和协作能力。

综上所述，启发引导法与美育教育有着紧密的关联。运用启发引导法，可以培养学生的创造力、审美能力以及沟通能力，从而实现美育教育的目标。

二、启发引导法的实施

（一）制定启发式教学计划

启发式教学计划是指在教学过程中，根据学生的认知特点、学习需求和教学目标，有针对性地选择和设计合适的教学内容、教学方法和教学资源，以实现引导学生主动探索、深入思考和创造性表达的目标。

制定启发式教学计划需要考虑学生的认知特点。不同年龄阶段的学生对于美育教育的接受能力和学习习惯有所不同，在制定启发式教学计划时需要充分了解学生的认知水平和发展特点。例如，对于低年级的学生，可以采用简单的视觉启发性教学方法，通过图片、色彩、形状等直观的方式来激发其对美术的兴趣。对于高年级学生，可以采用更具创造性的启发性教学方法，鼓励他们进行艺术创作和独立思考。

制定启发式教学计划还需要与艺术教学目标相契合。美育教育的目标是培养学生的审美能力、审美情感和创造力，教学计划应该与这些目标一致。在制定启发式教学计划时，要明确教师希望学生通过本次教学能够掌握的知识、技能，然后根据这些目标来设计相应的教学活动和评估方法，确保教学过程的针对性和有效性。

制定启发式教学计划也需要注意选择合适的教学资源和方法。启发式教学强调学生的主动探索和建构性学习，在制定教学计划时需要合理选择教材、文献、多媒体资源和实践活动等。同时，教师还需灵活运用启发性教学法，如情景模拟、问题导入、案例研究等，激发学生的学习兴趣和独立思考，引导他们主动参与美育教育的学习。

总之，教师应根据学生的认知特点、教学目标和教学资源，制定合理、有效的启发式教学计划，以提高学生的学习主动性和创造性，促进美育教育的有效实施。

（二）设计启发性教学环节

在美育教育中运用启发引导法，通过设计合理的教学环节，可以促使学生主动思考、积极参与，激发他们的创造力和想象力。

设计启发性教学环节应注重情境创设和问题引导。教师可以选择具有一定难度和挑战性的情境，让学生在这个情境中思考和解决问题。例如，在美术课上，可以设计一个场景，让学生想象自己置身于美丽的自然风景中，然后提出一些引导性问题，引导学生对美景进行描绘和表达。通过情境引导和问题引导，可以激发学生的兴趣和思考，培养他们的创造力。

设计启发性教学环节还应注重多样化的教学手段和资源运用。教师可以灵活运用多种教学方式，如演示、讨论、实践活动等，以满足学生的多样化需求。还可以利用多种资源，如图片、影音资料、实物等，来丰富教学环节，提供更直观的学习材料。运用多样化的教学方式，可以激发学生的学习兴趣，提升他们的学习效果。

设计启发性教学环节还应注重互动与合作。教师可以设计一些小组活动或合作项目，让学生在合作中思考和交流。通过互动与合作，学生可以相互启发，共同探索问题的解决方法，培养他们的团队合作精神和沟通能力。同时，教师也可以成为引导者的角色，给学生提供必要的指导，帮助他们更好地学习和提高。

设计启发性教学环节还需要注重情感引导。引导学生的积极参与，激发他们对美育的热爱，是设计启发性教学环节的重要任务。教师可以通过文学作品、音乐、艺术品等，给学生提供美的情感体验，引导他们从情感上与艺术作品交流。通过情感引导，可以增强学生的表达能力，培养他们的审美情趣。

总之，设计启发性教学环节是高效开展美育教育的重要内容。在设计过程中，教师要注重情境创设和问题引导，运用多样化的教学手段和资源，促进学生的互动与合作，同时引导学生积极参与。通过设计启发性教学环节，可以激发学生的学习兴趣，提高美育教育的效果。

（三）实施启发式教学策略

在高职院校美育教育中，实施启发式教学策略也是提高学生学习效果和培养其创造力的重要方式。

1. 设计情境

在启发式教学中，教师应根据教育目标和学生特点，科学设计问题情境，以激发学生思考和探索的兴趣。问题情境应当具有挑战性，能够引起学生的思考和探索欲望。

通过将学习内容与实际问题相结合，提供情境化的学习环境，可以有效激发学生的学习积极性。

2. 引导提问

在实施启发式教学策略时，教师应灵活运用提问方式，引导学生通过思考、推理和分析来解决问题。提问的目的是激发学生的探索，培养他们的独立思考和问题解决能力。教师可以使用开放性问题和引导性问题，引导学生深入思考，开拓视野，培养他们的创造性思维。

3. 鼓励探究

启发式教学强调学生的主动参与和自主探究，教师应当给予学生足够的自主空间，让他们在探究中体会到学习的乐趣和成就感。教师可以提供资源和引导，同时鼓励学生动手实践和尝试，帮助他们发现问题、思考解决办法，并形成自己的见解和结论。在探究过程中，学生能够独立思考和解决问题，提高创新能力。

综上所述，通过合理设计的问题情境，灵活的提问和鼓励学生自主探究，可以有效激发学生的创造力，提高美育教育的实践效果。

三、启发引导法的实践应用

（一）应用前提

高职院校以培养应用型人才为主，注重培养学生的实践能力，但在这个过程中，学生的审美素养常常被忽视。许多学生具备一定的专业技能，却对美术、音乐、舞蹈等艺术领域知识的掌握相对薄弱，这显然与高职院校的培养目标不完全符合。启发引导法是解决这一问题的重要手段之一。美育教育实践中的启发引导法，通过激发学生的对美的兴趣，引导他们主动参与美育活动，提高他们的审美水平和艺术素养。

高职美育教育的特殊性也要求启发引导法要以实用性为重点，注重培养学生的动手能力。考虑到学生的专业学习和实践需要，启发引导法强调将美育教育与实践相结合，通过实际操作来提升学生的创造能力。将美育教育纳入高职院校实践课程，在技能训练中融入艺术元素，可以让学生充分感受到美育教育的实际应用价值和意义。

总之，运用启发引导法，我们能够更有效地激发学生的创造力和艺术潜能，实现培养学生的审美意识和艺术素养的目标。同时，考虑到实际应用的需求，启发引导法在高职美育教育中注重实用性，使学生能够将美育知识应用到实际工作中，为其未来职业发展奠定坚实的基础。

（二）应用方式

在高职院校的美育教育实践中，启发引导法被广泛应用并取得了良好的实践效果。可以设计富有创意的教学活动来激发学生的兴趣和好奇心。在美育教育中，可以组织各种形式的美术创作、设计比赛、手工制作等活动，让学生在实践中体验美的乐趣，并激发他们的创造力。例如，在美术课上，教师可以引导学生参观画展，观摩优秀的艺术作品，然后引导学生进行创作，从而培养学生的艺术鉴赏能力和创作能力。

应用多媒体技术，提高学生的表达能力。随着科技的进步，多媒体技术在美育教育中发挥着越来越重要的作用。教师可以利用音频、视频、图像等多媒体资源，设计生动有趣的教学内容，让学生在参与过程中积极思考和表达。例如，在艺术欣赏课上，教师可以播放一些经典音乐或者优秀艺术作品的视频，然后让学生理解和评价，通过讨论，表达自己对艺术作品的观点。

鼓励学生合作、互动和分享，促进学生之间的交流。在美育教育中，学生之间的互动和合作是非常重要的，可以通过小组活动、合作创作等形式，让学生在互动中学习和进步。教师可以组织学生进行集体创作，鼓励学生相互协作，共同完成艺术作品或者展览。通过合作和分享，学生可以提高自己的艺术技能，还能增强团队合作意识。

通过实际应用培养学生的实践能力和创新思维。美育教育不仅要让学生了解艺术知识和技巧，更重要的是培养学生的实践能力和创新思维。教师可以组织学生参加各类艺术实践活动，如美术展览、设计比赛等，让学生经历和体会，在实践中学习和成长。通过实际应用，学生能够将所学的知识和技能运用到实际场景中，提高解决问题的能力。

总之，启发引导法在高职美育教育中的具体应用方式是多样的，这些应用方式能够激发学生的兴趣和创造力，培养他们的艺术鉴赏能力和实践能力，从而有效提升美育教育的实践效果。

（三）应用建议

在实践中，通过参观展览、观摩优秀作品、实地考察等方式，可以大大激发学生的艺术兴趣和创作灵感。另外，使用多媒体技术进行教学也能提升学生对美育知识的理解和掌握。

启发引导法的核心是通过提问，引导和激发学生的思考和创新，因此在实践中，要给予学生更多的自主学习和自主创作的机会。教师可以开展小组合作或个人项目，让学生根据自己的兴趣和创意进行独立创作，并给予适当的指导和评价，帮助他们在艺术创作中获得成长和进步。

在启发引导法的实践中，还要与其他学科有效结合，例如与文学、历史等学科融合，通过对文学作品、历史事件等进行欣赏和分析，培养学生对于艺术的全面理解和认知。另外也可以与社会实践结合，组织学生参观艺术展览、美术馆等，让他们在实践中体会艺术的魅力。

启发引导法也是不断发展和完善的教学方法，要保持教学的灵活性和创新性。高职院校可以借鉴先进的美育教育经验和方法，结合自身实际情况进行改进和创新，同时要注重对美育教育的研究和探索。

总之，在今后的实践中，要不断总结经验，不断优化教学方法，以提高高职院校美育教育的质量。

四、启发引导法的重要影响

（一）直接影响

启发引导法在高职院校中的应用取得了显著的效果。启发引导法能够激发学生的创造力和想象力。启发引导法通过提出问题、引发思考和让学生尝试解决问题，能够培养学生独立思考和解决问题的能力，激发他们的创造力和想象力。例如，在美术课上，教师可以给学生展示一幅艺术作品，并引导学生讨论和解读，这样能激发学生对艺术的独立思考。

启发引导法能够提高学生的自主学习能力。通过启发学生自主探索和发现知识，启发引导法能够培养学生的自主学习能力和学习兴趣。例如，在音乐教学中，教师可以引导学生自主选择乐曲并演奏，这样能够提高学生学习音乐的主动性。

启发引导法还能够提升学生的团队合作和交流能力。通过启发引导法进行小组活动和讨论，学生能够提升团队合作和交流的能力。例如，在舞蹈教学上，教师可以引导学生组织小组编排舞蹈动作，并完成表演，这样不仅能促进学生之间的合作，还能够增强他们的沟通能力。

总之，启发引导法有助于培养学生的创造力和想象力，提高学生的自主学习能力，并增强学生的交流能力。这些直接影响不仅能提升学生的美育水平，还能促进他们全面发展。

（二）间接影响

在高职院校美育教育中，经过长期的实践探索，启发引导法也具有一些间接影响。

启发引导法的应用使学生在学习过程中更加积极主动。相比于传统的教学方式，启发引导法注重激发学生的学习兴趣和主动性。通过启发性的问题设计和引导，学生被鼓励思考、探索和解决问题。在这一过程中，他们不仅能更好地理解知识，还能培养自主学习和创新的能力。运用启发引导法，学生会自觉参与学习，进而提高他们的学习效果。

启发引导法的应用有助于培养学生的创造性思维。在启发引导法中，教师不再是简单地传授知识，而是以问题为导向，引导学生思考和分析。通过对问题的深入思考和多方面的探索，学生逐渐培养了创造性思维。他们能够从不同的角度出发，对信息进行评估和分析，提出自己的观点和见解。这种创造性思维的培养，不仅有助于学生的学科学习，还有助于他们在实际生活中更好地思考和解决问题。

启发引导法的应用对学生的综合素质提高也起到了积极的促进作用。启发引导法注重培养学生的综合能力，包括思维能力、创造能力、表达能力等。通过启发性的问题设计和引导，学生在解决问题的过程中不仅需要发挥创造力，还需要运用各种学科知识进行综合运用。这种多方位的综合训练让学生在学习中提升了综合素质，使他们能更好地适应社会的发展和变化。

总之，启发引导法激发了学生的学习主动性，培养了学生的创造性思维，提高了学生的综合素质。这些积极影响离不开启发引导法的合理设计和教师的有效引导。

（三）长期影响

在高职院校的美育教育中，启发引导法是一种重要的教学策略，它不仅在学生学习过程中产生直接影响，还具有长期的教育影响。

启发引导法能够培养学生的创新能力。通过引导学生主动思考、发现问题、解决问题，启发引导法能够培养学生的创新能力和创新意识。长期以来，学者们普遍认为创造性思维是培养学生创新能力和创新意识的关键。启发引导法的应用可以激发学生的学习兴趣，培养他们主动思考的习惯，从而在解决问题的过程中发挥创造力。

启发引导法能够促进学生的自主学习和自我发展。在教育领域，自主学习是培养学生终身学习意识的关键。启发引导法强调学生的主动性和参与性，鼓励学生自主探究、独立思考，从而提升他们的自主学习能力。研究表明，采用启发引导法进行教学可以激发学生的学习动力和学习兴趣，提高他们的学习自觉性和学习主动性，促进他们全面发展。

启发引导法能够提高学生的综合素养。在当下，学生的综合素养成为高职院校培养的重要目标。启发引导法注重培养学生的综合能力，不仅关注学生的学科知识，还注重培养学生的问题解决能力、沟通协作能力、创新能力等综合素养。通过启发引导法的应用，学生不仅在学科知识上有所提高，还能全面提高各方面素养，加强对社会、文化、科技等多方面知识的理解和掌握。

启发引导法能够培养学生的批判性思维。批判性思维是培养学生的判断力和决策能力的重要前提。启发引导法的应用可以帮助学生主动思考、分析问题，形成独立的判断和观点。通过与他人讨论和交流，学生能够学会辨析信息、评估观点，具备批判性思维。实践证明，采用启发引导法进行教学可以培养学生的批判性思维，提高他们在社会生活中的适应能力和竞争能力。

综上所述，启发引导法能够培养学生的创造性思维、自主学习能力、综合素养和批判性思维，对学生的个人发展具有深远的影响。在高职院校的美育教育中，应大力推广和应用启发引导法，并不断探索更好的教学方法，以提高美育教育效果。

第三节　项目式学习法

一、项目式学习法概述

(一) 项目式学习法的定义

项目式学习法是一种以项目为核心的学习方法，学生通过参与项目活动，探究问题、解决问题、合作协作，从而实现知识与能力的综合应用。在项目式学习中，学生主动掌握学习的进程和内容，提高自主学习和解决问题的能力，同时也能增强学生的团队意识。

项目式学习要求学生从书本走向实践，注重培养学生的实践能力。通过参与真实的项目活动，学生能感受到专业知识在实际工作中的应用，培养实际操作和解决实际问题的能力。例如，在美育教育中，学生可以通过参与美术创作、设计展览等项目活动，将所学的美术理论与实际创作相结合，提高创作能力和审美能力。

项目式学习注重培养学生的独立思考和解决问题的能力。通过项目活动的设计和实施，学生需要主动思考和研究问题，从不同的角度分析和解决问题，培养学生的创造性思维和创新能力。例如，在美育教育项目中，学生可以选择自己感兴趣的题材，进行独立思考和创作，从而提高自主学习和独立思考的能力。

项目式学习强调学生之间的协作。在项目活动中，学生需要组成小组或团队，共同规划、设计和完成项目任务。通过协作，学生能够学会互相倾听，互相尊重，共同协商和解决问题，培养团队精神和合作能力。在美育教育项目中，学生可以分工合作，例如一个负责设计，一个负责制作，一个负责宣传等，通过互相协作，完成一件完整的作品。

总之，项目式学习法作为一种重要的教学方法，在美育教育中有着重要的作用。通过项目式学习，学生能够实践、思考、合作，全面提升综合能力，为将来的工作和生活奠定基础。

(二) 项目式学习法的理论基础

项目式学习法融合了多种教育理论和学科知识，为学生提供了深度的学习体验。

项目式学习法借鉴了认知心理学的相关理论。认知心理学强调学生通过主动构建知识体系和意义构建来实现深层次的学习。项目式学习法在认知心理学的指导下，将学生置于真实的问题情境中，促使他们积极运用已有的知识和技能去解决问题，从而提高他们的学习效果。学生通过项目式学习，能够更好地理解抽象的概念，培养创新思考的能力，提高学习兴趣。

项目式学习法与建构主义理论密切相关。建构主义理论认为，学习是个体根据自身的经验和现实情境建构知识的过程。项目式学习通过设置具有实际意义的学习项目，为学生提供了机会去主动建构知识。在项目式学习的过程中，学生需要提取相关信息、进行分析，最终形成自己的知识结构。这种基于建构主义理论的学习方式有助于学生理解知识的深度和广度，培养学生的独立思考和问题解决能力。

项目式学习法还受到行动学习理论的支持。行动学习理论认为，学习是一种通过实践和反思来提高行动效能和知识技能的过程。项目式学习法强调学生在实践中学习，通过在项目中实践、合作、反思和调整，来促进他们全面发展。学生通过实际操作，不断调整自己的行为，最终实现目标。学生还需要根据项目的反馈信息进行反思，以便提高自己的学习效果和实践能力。这种基于行动学习理论的学习方式让学生能真正地将理论知识应用到实践中，提高实际操作能力和创新能力。

总之，项目式学习法在美育教育中的理论基础是多方面的。通过项目式学习，学生能够更好地理解和运用知识，增强问题解决能力，最终提高美育教育的实践效果。

（三）项目式学习法的重要性

项目式学习法不仅能提升学生的学习兴趣，激发他们的创造力和想象力，还能培养学生的团队合作意识和解决问题的能力。

1. 提高综合能力

通过开展项目式学习活动，学生需要进行问题的探究、数据的收集分析、解决方案的设计实施等一系列工作，这使得他们能够综合运用所学知识，提高自己的问题解决能力和创新能力。项目式学习还能培养学生的沟通与合作能力，因为项目通常需要团队合作，学生需要进行有效的沟通与协作，从而增强团队意识和合作能力。

2. 培养创新思维

在项目式学习中，学生可以自由发挥自己的想法和创意，通过解决实际问题来展现自己的才华。这种自主性和创造性的学习方式，不仅能激发学生的创新思考，培养他们的创造力，还能开拓学生的视野，培养他们的艺术表达能力。

3. 增强学习能力

相比于传统的教学形式，项目式学习更加贴近学生的实际需求和兴趣爱好，能够激发学生的学习兴趣，提高他们的学习积极性。在项目式学习中，学生需要进行自主学习和自我管理，他们可以根据自己的学习进度和能力进行安排，这培养了学生的自主学习能力和自我管理能力。

4. 提升实践能力

在项目式学习中，学生需要将所学知识应用于实际情境中，通过解决实际问题来实现学习目标。这种实践应用的学习方式，不仅可以加深学生对知识的理解，还能培养他们的操作能力和解决问题的能力。

综上所述，项目式学习法在美育教育中具有重要的意义。它能培养学生的综合能力，激发他们的创造力与想象力，提高他们的自主学习能力，增强他们的实践应用能力。高职院校在实施美育教育时，应充分运用项目式学习法，让学生在艺术教育中获得全面的培养。

二、项目式学习法的实施

（一）项目设计与规划

项目设计要根据学生的兴趣和实际情况，确定一个具体的项目目标。教师需要明确项目的主题和范围，以确保项目的任务明确，并与课程内容和学生能力相匹配。

项目设计要考虑学生的技能水平，从而设定合适的学习目标和阶段性任务。教师可以根据教学计划制定项目的时间表，明确每个阶段的学习目标和任务，帮助学生合理规划学习进程。

在项目设计的过程中，教师还需确定合适的学习资源和工具，以指导学生的学习和研究。这些资源包括图书馆资料、互联网资源、重要文献等，教师应帮助学生正确选择和使用这些资源。

项目设计还应注重培养学生的创造力和解决问题的能力。教师可以鼓励学生提出自己的想法和观点，引导他们思考和分析问题，培养他们的创造性思维和创新能力。

项目规划是项目设计的具体实施过程。教师需要明确指导学生开展项目研究和实践活动，并合理安排学习时间。为了保证项目的顺利进行，教师可以组织项目小组，让学生分工合作，培养学生的合作精神和团队意识。

教师还要提供必要的指导。在项目的执行过程中，教师应随时关注学生的学习进展，并及时给予反馈和帮助。通过与学生的交流和讨论，教师可以及时发现和解决学生在项目中遇到的问题，提高学生的学习效果。

总之，教师需要合理设计项目目标、提供学习资源、培养学生的创造力和解决问题的能力，并及时辅导学生，以确保项目的顺利进行。

（二）项目执行与管理

在项目式学习法的实施过程中，项目的执行与管理具有重要意义。项目执行与管理的目标是确保项目能够按照计划顺利进行，获得预期的成果。

1. 明确目标

在项目开始前，项目团队需要明确项目的目标以及需要完成的各项任务。这些目标和任务应该具体明确，符合项目的方向性和可行性。

2. 合理分工

项目团队成员应根据各自的专业能力和兴趣进行任务分工，并确保任务之间的良好协作和配合。在项目执行过程中，项目管理者需要做好具体的任务分配和资源调配，以确保团队成员能够高效完成各项任务。

3. 时间管理

项目团队需要制定详细的项目计划，并设置合理的时间节点，以确保项目按时完成。同时，项目管理者还需要定期跟进项目的进展情况，及时发现并解决项目中的问题和障碍，确保项目能够顺利进行。

4. 有效沟通

项目团队成员之间需要及时、有效地进行交流沟通，共享项目的信息和进展情况。项目管理者还需要与项目相关方进行沟通和协调，确保项目能够得到必要的支持。

5. 风险管理

项目在实施过程中可能会面临各种风险和问题，项目团队需要及时识别、评估和应对这些问题，以确保项目顺利进行。项目管理者还需要定期进行项目总结和评估，总结项目的经验教训，为今后的工作提供借鉴。

因此，明确项目目标和任务，合理分工和协作，时间管理和进度控制，有效沟通和协调，以及风险管理和问题解决，都是项目执行与管理的关键内容。通过有效的执行与管理，能确保项目顺利进行，取得预期的成果。

（三）项目评估与反馈

通过对项目进行评估，可以了解项目的进展情况，评估学生的学习成果，提供及时的反馈和指导，以确保项目顺利进行。

项目评估需要建立科学有效的评估体系。在项目设计与规划阶段，就应该明确项目的学习目标和评估标准。评估标准应包括项目学习的知识与技能，创新思维与解决问题的能力，团队协作与沟通能力等方面。评估体系应采用多样化的评估方法，包括观察记录、成果展示、学习笔记和口头表达等，以全面评估学生的综合能力。

项目的评估应该贯穿于整个项目的执行过程。在项目执行与管理阶段，教师应及时对学生的学习情况进行跟踪和记录。可以通过观察学生的参与程度、工作态度和团队合作情况，来评估学生在项目中的表现。同时，还可以通过学生的成果展示和汇报，来评估学生的学习成果和表达能力。

在项目的评估过程中，反馈是非常重要的。教师应及时给予学生积极的反馈和建议，鼓励他们继续努力，并指导他们改进不足。同时，学生之间的互相评估和自我评价也是一种重要的反馈方式。通过互评和自评，学生可以更好地认识自己的优势和不足，从而不断提高学习能力和团队合作能力。

综上所述，项目的评估与反馈是项目式学习法中不可或缺的环节。通过科学有效的评估体系和多样化的评估方法，可以全面评估学生的综合能力。通过及时反馈和指导，则可以激发学生的学习兴趣和动力，促进他们全面发展。

三、项目式学习法的具体应用

（一）在美术教育中的应用

项目式学习法作为一种重要的教学方法，已经在美术教育中得到广泛应用。其核心理念是让学生参与美术项目，使他们在实践中获取知识和技能的同时培养创造力、合作能力和问题解决能力。

项目式学习法能够激发学生的学习兴趣。在传统的美术教育中，学生大多被动地接受教师的指导，缺乏主动性和参与感。通过项目式学习，学生能够选择自己感兴趣的主题，积极参与设计和创作的过程。他们能够感受到自己的作品对社会的影响，从而增强学习动力。

项目式学习法注重跨学科融合。美术教育不是孤立的艺术学科，而要与其他学科相结合，进行综合性的学习。通过项目式学习，学生可以将美术与科学、历史、数学等学科联系起来，在创作过程中获得多学科的知识。这有助于提高学生的综合素质和创新能力。

项目式学习法重视学生的合作与交流能力培养。在项目式学习中，学生需要与同伴一起合作、交流和互相支持，共同完成艺术项目。通过与他人的互动和合作，学生能够具备团队合作精神，学会倾听和尊重他人的观点。这对于培养学生的社交能力和人际关系来说是非常有益的。

项目式学习法也注重学生的实践能力和问题解决能力的培养。在美术项目中，学生会面临各种各样的实际问题，需要运用自己的专业知识和技能来解决。这有助于培养学生的实践能力和创新思维。

总之，项目式学习法在美术教育中的应用具有重要意义。它能激发学生的兴趣，培养学生的综合素质和创新能力。美术教育工作者应积极应用项目式学习法，让学生在实践中掌握美术的真谛。

（二）在音乐教育中的应用

音乐教育不是简单地传授乐理知识和演奏技巧，更应该培养学生的创造力、合作意识和表达能力。项目式学习法为实现这一目标提供了一种有效途径。

项目式学习法注重学生的主动参与和自主学习。在音乐教育中，项目式学习法可以通过组织乐队、合唱团等音乐团体演出的方式，让学生参与音乐创作、编曲与乐器演奏等。通过参与实际音乐创作和表演，学生能够提高创造力和表达能力，并增强自信心。

项目式学习法在音乐教育中也可以促进跨学科学习。音乐与文学、历史、美术等学科有着紧密的联系，通过开展音乐与其他学科的跨学科项目，可以为学生提供丰富的知识和多维度的经验。比如，学生可以在音乐课堂上学习到音乐与文学的关系，通过演唱文学名著中的诗歌或将文学作品改编成音乐作品，加深对文学创作和音乐创作的理解。

项目式学习法应用在音乐教育中还可以培养学生的创造能力和问题解决能力。音乐中有各种音调、节奏、和声等元素，学生需要通过深入研究和分析，理解这些元素之间的关系和作用。通过设计和完成音乐项目，学生可以逐步具备创造性思维，学会提出问题、寻找解决方案，并将其运用到音乐创作与表演中。

在音乐教育中应用项目式学习法还可以提升学生的审美水平和文化素养。音乐作品经常承载着丰富的文化内涵和艺术价值，通过学习和欣赏不同类型、不同风格的音乐作品，学生可以提高对音乐的欣赏和理解能力，增强审美意识和文化素养。

因此，项目式学习法在音乐教育中的应用为学生提供了全方位、多维度的学习体验。它通过学生参与、跨学科学习、审美培养等方面的内容，为音乐教育带来了新的发展路径和教学模式。

（三）在戏剧教育中的应用

通过项目式学习，学生在参与戏剧表演的同时，能够获得更全面的戏剧知识，提高他们的表演能力和创造力。

在项目式学习的设计过程中，要充分考虑戏剧教育的目标和学生的需求。以戏剧作品创作为例，项目设计应包括课程目标、任务、资源等。每个学生都可以根据自己的兴趣和特长选择合适的角色和任务，从而增强他们的参与度和主动性。教师可以通过合理的资源配置，提供给学生更多的戏剧资料，激发他们对戏剧的学习兴趣。

在项目式学习的实施过程中，要注重学生自主学习和团队协作能力的培养。在戏剧表演的过程中，学生需要相互合作，共同完成整个项目。他们可以在小组中讨论并制定行动计划，分工合作，共同解决问题。通过这样的团队合作，学生不仅能提高自己的表演技能，还能培养沟通、协作和领导能力等。

在项目式学习的实践应用中，要关注学生的实践效果和成果展示。在戏剧教育中，学生可以通过表演戏剧作品，展示他们的才华。教师可以组织学生参与戏剧比赛、演出等活动，让他们有机会与其他学校进行交流。这样不仅可以增强学生的自信心，还可以扩大他们的艺术视野。

总之，项目式学习法在戏剧教育中的应用可以提高学生的参与度和主动性，培养他们的团队合作能力和表演技能。在高职院校的美育教育中，应重视项目式学习法在戏剧教育中的应用，为学生提供更优质的学习环境。

（四）在舞蹈教育中的应用

舞蹈教育不仅要求学生具备扎实的舞蹈技巧，还需要培养学生的艺术表现力和综合素质。

在舞蹈教育中应用项目式学习法可以提高学生的学习兴趣和参与度。传统的舞蹈教学通常以老师的指导和示范为主，学生多数时候只是被动接受信息。采用项目式学习法，学生可以主动参与项目的策划和执行，他们能够根据自己的兴趣和特长选择不同的项目，从而增强学习兴趣和积极性。

项目式学习法可以培养学生的创造力和团队合作意识。舞蹈作为艺术，需要学生具备创造力和团队合作能力。通过项目式学习，学生可以参与到舞蹈项目的策划和创作过程中，锻炼他们的创造力和表现力。项目式学习法也强调团队合作，学生需要与其他成员合作、协商和沟通，共同完成项目任务。这样的学习方式不仅培养了学生的个人能力，也提高了他们的团队合作意识。

项目式学习法可以促进学生的综合能力提升。舞蹈艺术是综合性的学科，学生需要具备舞蹈技巧、表演能力、创意思维等多个方面的能力。通过项目式学习，学生可以跨学科学习和实践，将舞蹈与其他学科知识相结合，培养综合能力。比如，在舞蹈项目中，学生不仅需要展示自己的舞蹈技巧，还需要结合舞台设计、服装搭配等，使舞蹈作品更加完整。

综上所述，通过项目式学习，学生可以提高学习兴趣和参与度，培养创造力和团队合作精神，促进综合能力的提升。在未来的舞蹈教育中，要注重项目式学习法的应用，为学生提供一个良好的学习环境。

四、项目式学习法的实践效果

（一）提升学生美育素养

通过项目式学习，学生不仅能深入参与各类美育项目，还能在实践中提升自身的审美能力、创造能力和表达能力。

在项目式学习的过程中，学生将面临丰富的美育项目，例如绘画、音乐、舞蹈、戏剧等。这些项目不仅能拓宽学生的艺术视野，还能培养他们的感知能力和观察力。通过参与各类美育项目，学生能感受到艺术的魅力，从而激发他们对美的追求。

项目式学习注重学生的实践能力培养。在项目式学习中，学生需要主动参与规划、设计和实施整个项目。这种参与式的学习模式可以激发学生主动探究和实践的动力，培养他们的创造性思维和实践能力。通过设计和完成美育项目，能够锻炼学生的创造力，培养审美素养，并在实践中不断提升表达能力。

项目式学习也注重学生的团队合作能力培养。在项目式学习中，学生需要和同伴共同合作完成项目，这需要学生们相互协作、分享资源、解决问题。通过与同学们的合作，学生能够了解到不同人的不同思考方式，学会倾听他人的意见，并具备团队精神。在美育项目中，团队的合作是不可或缺的，通过团队合作，学生们能够互相帮助、共同进步，从而不断提升美育素养。

总之，项目式学习对学生美育素养的提升起到了积极作用。这有助于他们更好地面对美育教育中的挑战，为将来的发展奠定坚实的基础。高职院校应重视项目式学习的应用，创造更多有利于学生美育素养提升的机会。

（二）提升高职院校教育质量

项目式学习法对高职院校教育质量的影响也是显而易见的。项目式学习法能够促进学生的主动学习和实践能力的培养，从而提升高职院校的教育质量。在传统的教学模式下，学生大多被动地接受知识，缺乏自主学习和实践的机会。然而，通过项目式学习法，学生主动参与项目的设计、实施和评估，可以培养他们的自主学习和实践能力，提高他们的综合素质。这种主动学习和实践的方式，使得学生在解决实际问题的过程中，不仅能将理论知识运用到实际中，还能培养解决问题的能力和创新思维，提高综合素质。

项目式学习法可以促进高职院校美育教育的跨学科融合，进一步提升教育质量。在传统的学科教学中，学生很难将不同学科的知识进行融合和应用，导致知识的碎片化和学科的分离化。通过项目式学习，学生可以在项目中应用多学科的知识，将各学科进行融合，实现跨学科学习。这种跨学科融合的教学方式不仅提高学生对各学科的理解和运用能力，还能培养他们的综合能力和创新能力。项目式学习法注重实践性教学的实现，学生通过实际的项目实践活动，能够更好地理解和应用所学知识，提高操作能力和解决问题的能力，进一步提升高职院校的教育质量。

总之，项目式学习法能够促进学生的主动学习和实践能力的培养，提高学生的综合素质；同时，它还可以促进高职院校教育的跨学科融合，培养学生的综合能力和创新能力。因此，项目式学习法在高职院校美育教育中的应用，对提升高职院校教育质量具有重要的意义。

（三）提升教师教学能力

在高职院校美育教育中，项目式学习法的实施对教师的教学能力也有积极的提升作用。教师能够在教学过程中不断优化自己的教学策略，从而更好地满足学生的学习需求，提高教学效果。

项目式学习法要求教师具备较高的综合能力和跨学科教学能力。在项目式学习中，教师不仅是知识的传授者，还扮演着指导者和促进者的角色。教师需要具有跨学科的知识结构，能够将不同学科的知识融合，设计出既有挑战性又有可行性的项目任务，引导学生进行综合性学习。通过这样的实践，教师的综合能力得到了提升，为他们今后的教学工作奠定了坚实的基础。

项目式学习法也要求教师具备协同合作的能力。在项目式学习中，教师通常会将学生组织成小组，以协作完成任务。这就需要教师具备良好的协同合作能力，能够引导学生之间的合作、沟通和分工，使小组成员之间形成良好的合作氛围。通过这样的实践，教师的协同合作能力得到了提升，能够更好地促进学生提高团队合作能力。

项目式学习法还要求教师具备创新能力。在项目式学习中，教师需要设计具有创意的项目任务，激发学生的创造力。教师需要不断开拓教学的思路，寻找新的教学资源和工具，为学生提供多样化的学习体验。通过这样的实践，教师的创新能力得到了提升，能够更好地满足学生的学习需求，提高教学效果。

综上所述，项目式学习法的实施对教师教学能力的提升具有明显影响。通过项目式学习，教师能够不断优化教学策略和方法，提高学科综合能力、协同合作能力和创新能力。这些提升对于教师的教学工作来说起到了积极的推动作用，进而也提高了高职院校的教育质量。

第四章 高职院校美育教育的师资队伍建设

第一节 师资队伍的素养要求

一、专业知识素养

（一）知识需求

高职院校美育教育需要教师具备扎实的专业知识。随着社会经济的发展，美育教育的需求也逐渐变化。教师需要了解艺术和美学的基本理论，掌握各种艺术形式的知识，包括绘画、音乐、舞蹈、戏剧等。教师还需深入了解美育教育的教学理念，掌握教材的内容和结构。教师也需要具备跨学科的知识结构，能够将美育与其他学科进行融合，丰富教学内容。

高职美育教育的专业知识需求包括对不同年龄段学生的心理特点有充分的了解。教师应了解学生在不同阶段的认知、情感、行为等方面的特点，以便针对不同阶段的学生进行有针对性的教学设计。对于低年级的学生，教师应采用寓教于乐的方式，通过游戏、音乐、绘画等活动激发学生的兴趣并培养他们的审美能力。对于高年级学生，教师应关注他们对美的理解和表达能力的培养，通过讨论、创作等活动促进学生的美育素养提升。

高职美育教育的专业知识需求还包括对教育政策、课程标准等方面的了解。教师需要熟悉美育教育的相关政策要求，了解美育课程的核心内容和教学目标，以便将其应用于教学实践中。针对不同类型的学院和专业，教师还需根据学院的定位和专业特点进行针对性的教学设计，提供符合学院和专业需求的美育教育。

总之，高职美育教育的专业知识需求是多方面的，包括艺术和美学的基本理论、美育教育的教学理念与方法、学生的心理特点以及教育政策和课程标准等方面的知识。教师需要不断学习、反思和实践，提升自己的专业知识素养，以更好地满足学生的学习需求，促进高职美育教育的发展。

（二）提升路径

1. 加强培训学习

教师要经常参加专业培训课程，不断更新自己的专业知识，了解最新的教育理论和实践经验。学校应鼓励教师参与学术交流和研究，通过与同行的互动和分享，拓宽自己的学术视野，丰富专业知识结构。

2. 营造学习环境

学校可以组建专门的学习小组或研究团队，通过定期组织讨论和研讨会，促进教师之间的学习和交流。同时，提供丰富的学习资源和学术支持也能够帮助教师提升专业知识素养。学校可以购买相关的学术书籍和期刊，提供电子数据库的访问权限，建立学习资料库等，为教师提供便捷的学习环境。

3. 开展实践活动

教师可以互相观摩教学，借鉴优秀教师的经验和教学方法，提高自己的教学能力。学校还可以组织教师参与教育项目或社会实践活动，让教师亲身体验教育过程，增加实践经验和知识储备。

4. 建立评估机制

学校要定期进行教师评估，包括对教学质量和教学成果的评估，为教师提供专业发展的反馈意见和指导。同时，教师也可以通过自我评估和同行评议的方式，提升自己的专业知识素养。评估和反馈机制的建立，能够及时发现教师存在的问题和不足，并采取相应的措施加以改进。

总之，提升高职院校美育教育师资队伍的专业知识素养需要采取多种路径。只有不断提升专业知识素养，教师才能在美育教育中发挥更大的作用，提高教学质量。

（三）积极意义

专业知识素养不仅包括对美育学科的深入理解和掌握，还包括对相关学科的融会贯通，以及对美育教学实践的经验总结。

专业知识素养的提升可以让教师在教学过程中更加自信。熟悉一门学科以及相关知识，教师可以更加准确地把握教学内容，为学生提供系统的美育教育。专业知识素养的提升也能使教师更加自信地回答学生的问题，以及在教学中良好应对各类教育问题。

专业知识素养对教学方法的选择和运用也具有重要影响。专业知识素养的提升能够使教师更加熟悉和理解不同的美育教学方法和策略，并在教学设计和实施中灵活运用。教师能够根据学生的特点和需求选择合适的教学方法，让学生更加主动参与学习，提高教学效果。

专业知识素养的提升还可以加强教师对美育教学影响因素的把握。在教学过程中，教师需要通过科学研究和实践经验去探究美育教学中的问题和困难，并寻找相应的解决方法。专业知识素养的提升让教师有能力理解教育心理学的原理和方法，从而更好地指导和帮助学生解决在学习过程中遇到的问题。

专业知识素养的提升还能为教师的持续发展提供基础。教师通过不断学习和积累，不仅能获得新的教学理论和方法，还能与同行进行交流和分享经验。通过不断提升自身的专业知识素养，教师能够在美育教育领域不断拓展自己的视野，提高自己的竞争力。

因此，专业知识素养对教学效果的影响是显而易见的。高职美育教师应不断提升自己的专业知识素养，通过学习和实践，不断完善自己的教学能力。只有这样，我们才能更好地为学生提供优质的美育教育，为培养高素质的人才贡献力量。

二、专业技能素养

（一）技能需求

在高职院校开展美育教育工作，教师的专业技能素养显得尤为重要。

教师应具备扎实的美术基础。作为开展美育教育的核心内容，教师应具备扎实的美术知识和技能，包括绘画、色彩搭配、造型等方面的专业技能。这能够确保教师在进行美育教育时准确传达美的内涵和表现形式，为学生提供专业的美术指导。

教师需要掌握相关的教育技能。美育教育不仅是美术的传授，更是一种教育过程。教师需要熟悉教育心理学理论，了解学生的心理特点和发展规律，以便更好地指导学生在美育方面的学习和成长。教师还应该具备良好的教学组织能力和沟通能力，能够启发学生的创造力和艺术潜力。这样才能营造积极、开放并富有创造性的优质教学环境。

教师需要具备跨学科的知识，并且将高职美育教育与其他学科进行有效融合。在实际教学中，美育教育需要和其他学科进行有机结合，通过设计跨学科的教学内容和活动，培养学生综合素养。教师需要具备广泛的学科知识和跨学科的思维能力，能够将美育与其他理论进行融合，提高学生的学习效果。

教师的专业技能需要持续提升。美育领域的发展日新月异，教师应努力学习最新的教育理论和美育教育的前沿研究成果，保持与时俱进。同时，教师还应关注行业动态，参加专业培训和研讨会，积极与同行交流分享，共同提高专业技能。

总之，高职美育教育的专业技能需求涵盖艺术基础、教育技能、跨学科知识和持续学习能力等方面。教师应不断提升专业技能，以更好地开展美育教育工作，为学生提供优质的成长空间。

（二）提升方式

1. 深化知识学习

美育教育作为一门重要学科，师资队伍需要具备扎实的学科基础。在专业技能素养的提升路径中，学科知识的深化学习是不可或缺的。教师应当加强对美育学科相关理论和实践案例的学习，积极参与学术交流与研究，不断更新自己的学科知识。

2. 掌握实践技能

专业技能素养的提升还需要教师掌握实践技能。高职院校美育教育师资队伍应注重培养实践能力，在课程教学中注重实践操作，提供实际案例和实践机会，让教师通过实践活动熟悉教育方法的使用，提高美育教育的教学能力。

3. 拓宽资源渠道

提升专业技能素养需要有广泛且优质的教育资源支持。高职院校美育教育师资队伍应积极与相关机构合作，扩大教育资源的渠道。例如与博物馆、艺术机构、文化中心等合作，提供参观学习、交流互动的机会；开展专题讲座、研讨会等活动，让教师与专业人士深入交流，获得更多的教育资源和经验。

4. 继续教育培训

为了不断提高教师的专业技能素养，高职院校应加强继续教育与培训。通过参加培训课程、研讨会、学术会议等，教师可以更新自己的教育理念和教学方法，学习最新的教育技术和研究成果，提高自己的教育水平。

通过这些路径，教师能不断提高自身的专业技能素养，为高职院校的美育教育贡献更多的力量。

（三）重要作用

专业技能素养的提升可以提高教学质量。作为高职美育教师，需要具备丰富的艺术知识和实践经验。只有在深入了解和掌握各种艺术形式的基础上，教师才能灵活运用这些知识和技能，使课堂充满活力。通过不断学习和实践，教师能提高自己的专业技能素养，从而更好地组织和设计教学内容，提升学生的艺术修养。

专业技能素养的提升有助于教师更好地指导学生的学习。高职美育教育的目标之一是培养学生的创造思维和艺术表现能力。拥有高水平专业技能的教师可以通过激发学生的潜力，引导他们在艺术创作方面取得突破。教师的专业技能素养会直接影响学生的学习效果。只有具备高水平的专业技能，教师才能向学生传授专业的艺术技巧和表现方法。

专业技能素养的提升还能提高教师的教学影响力。教师如果能在课堂上展示出自己深厚的专业技能和知识储备，必将给学生留下深刻的印象。学生会更加愿意接受这样一位教师的指导和教育，更加积极主动地参与学习。提升专业技能素养不仅在学术方面提高教师的水平，还能在教育过程中产生积极影响，提高教师的教学效果。

综上所述，专业技能素养的提升能够提高教学质量，更好地指导学生的学习，并提高教师的教学影响力。为了在高职美育教育领域中取得出色的教学成果，教师应不断提升自己的专业技能素养，不断学习和实践，满足学生的学习需求。

三、职业道德素养

（一）职业道德要求

在实施美育教育的过程中，教师需要具备正确的教育观念。作为一名美育教育者，教师应以学生的全面发展为出发点，以促进学生艺术修养和创造力的培养为目标，遵循教育的基本原则，例如公正、平等、尊重学生个体差异等。教师应热爱教育事业，具备积极的职业态度。爱岗敬业是教师职业道德的重要体现，它不仅表现出对美育教育事业的热爱和追求，也表现出对学生的关心和支持。教师应具备强烈的责任心和使命感。美育教育的目标是培养学生的审美能力和艺术素养，教师应牢记自己肩负的使命，不断提高自身专业素养，持续学习和进修，不断探索创新方法。教师还需要具备与学生建立良好师生关系的能力，包括善于沟通、倾听学生的声音、信任和理解。通过与学生的紧密互动和交流，教师能够更好地了解学生的需求和特点，为他们提供个性化的美育教育服务。

学校和相关部门应当加强对教师职业道德的培训，提供必要的教育资源和支持。教师应不断加强自身的道德修养，积极参与研讨和反思，不断提高道德教育和心理辅导的能力。通过开展教师职业道德评估和互动交流活动，学校与教师之间可以建立更加紧密的合作关系，为教师的职业道德提升提供更多的帮助。

职业道德素养对美育教育的影响是显而易见的。具备良好职业道德素养的教师能够更好地塑造学生的品格和价值观，为他们树立正确的美育教育榜样。同时，教师的职业道德素养也能增强他们在教学过程中的自律性和责任感，提高教学质量。

总之，高职美育教育师资队伍的职业道德素养对于美育教育的发展具有不可忽视的重要意义。教师应不断提升自身的职业道德素养，促进高职院校美育教育的发展。

（二）培养方法

1. 掌握专业知识

了解并掌握美育教育领域的基本理论、常见问题和最新研究成果，对于提升教师的职业道德素养具有重要意义。通过深入的学习和研究，教师可以更好地理解自己在教育环境中的角色和责任，具备正确的价值观和道德观念。

2. 了解心理需求

教师的职业道德素养与其对学生心理发展的了解和应对能力密切相关。教育心理学研究的基本理论、原理和方法，能够帮助教师更好地理解学生的心理需求和困惑，合理指导学生的行为，促进学生全面发展。教师应加强对教育心理学的学习，将其应用于课堂教学和实际工作中，以提升自身的职业道德素养。

3. 加强道德教育

高职院校应加强对美育教育师资队伍的职业道德教育和培训，提供相关的理论知识和实践经验，引导教师树立正确的职业道德观念。通过培训，教师可以了解职业道德标准和规范，掌握解决问题的方法和技巧，从而不断提升自己的职业道德素养。

4. 积极交流分享

教师在教育实践中积累了丰富的经验，这对于职业道德素养的提升具有重要作用。

高职院校可以建立教师之间的经验分享和交流平台，让优秀的教师分享自己的成功经验，从而促进美育教育师资队伍整体的职业道德素养提升。

（三）重要影响

职业道德素养能够促使教师更加关注学生的全面发展。美育教育的目标是培养学生的审美能力和艺术修养，这一目标的实现需要教师具备良好的职业道德素养。

职业道德素养能够激发学生的学习兴趣。作为美育教育师资队伍的一员，教师的道德修养直接关系到学生对美育课程的接受程度。当教师能够以身作则，展现出高尚的道德情操和职业道德素养时，学生会对教师产生尊敬和信任，进而更加积极主动地参与美育教育活动。正是这种积极的学习态度，使得教师能够更好地引导学生充分发展自己的艺术潜力，从而提高教学效果。

职业道德素养还能够塑造学生的道德观念和价值观。教师不仅是知识的传递者，更是学生道德修养的引导者。当教师做出正确的行为和言谈举止时，能够积极引导学生树立正确的道德观念和价值观，让学生在美育教育的过程中注重行为，提高自律意识和责任感。这些道德观念和价值观的形成和培养，对学生未来的发展具有积极的影响。

职业道德素养对美育教育的教学效果也具有重要的影响。教师应通过自身的努力和不断提升，提高职业道德素养。只有在提高职业道德素养的基础上，教师才能更好地引导学生，促进学生健康成长，实现美育教育的目标。

第二节　师资队伍的培养与提升

一、培养计划

（一）培养计划的制定和实施

高职院校美育教育师资队伍的培养是促进教师专业能力和素质提升的关键。在制定和实施培养计划时，需要考虑四个方面的内容。

1. 了解实际情况

这包括对美育教育的发展趋势和教师队伍的专业背景、素质水平进行全面的调研和分析。只有深入了解了教师队伍的现状，才能有针对性地制定培养计划，使其满足实际需求。

2. 明确培养目标

培养目标是指师资队伍需要达到的专业能力和素质要求，培养内容则是为实现这些培养目标，所采取的具体培训措施和课程设置。针对美育教育师资队伍的特点和需要，培养计划可以包括教育理论研究、美术基础知识、技能培养、教育实践等多个方面的内容。

3. 满足教学需求

不同的学校和教师，所需的培养计划会有所差异。在制定培养计划时，应充分考虑学校的特点和教师的个人需求。可以设置多个培养方向或专业方向，给予教师更多的选择。同时，要注重培养计划的灵活性，能够及时调整和更新培养内容，以适应美育教育的发展变化。

4. 建立评估体系

培养计划不仅是一份文件，更需要付诸行动才能实现预期目标。学校和相关部门应提供充足的资源和支持，包括培训课程、实践机会等，以帮助教师不断提升自己的专业能力和素质水平。同时，建立科学的评估体系，及时了解培养计划的实施效果，为进一步优化提供依据。

因此，只有合理、科学地制定并实施培养计划，才能有效提升教师队伍的专业能力和素质水平，为美育教育的发展提供有力支持。

（二）师资队伍的能力要求

在高职院校美育教育师资队伍的培养计划中，师资队伍的能力是一个核心内容。为了保证教师能够胜任美育教育的教学工作，高职院校需要明确能力要求，并通过培养计划的实施来提升教师的专业能力。

1. 具备扎实的基础知识

美育教育的核心是美术学科，教师需要具备深厚的美术理论知识，包括绘画、造型、色彩等方面的基础理论和技能。教师还应了解艺术史、美学等相关学科的知识，从而提升自己的教学水平。

2. 具备良好的教学能力

教师应具备熟练运用教学方法和教学手段的能力，能够根据学生的不同特点和需求来制定有效的教学方案。教师还应具备良好的沟通能力和教学组织能力，能够与学生进行有效的互动，激发学生的学习兴趣。

3. 具备良好的研究能力

随着社会的发展和教育改革的深入，美育教育也在不断变化和发展，教师需要具备不断学习和研究的能力，能够解决教学实践中的问题和困难，并通过研究和探索，不断提升自己的教学水平。

4. 具备良好的职业道德

美育教师是培养青少年艺术素养和审美能力的重要力量，教师应具备良好的职业道德，能够以身作则，做学生的榜样。同时，教师应有教育情怀，关注学生的全面发展，注重培养学生的创新思维和艺术表达能力。

总之，高职院校应明确专业能力的要求，通过培养计划的实施和教师培训，提升教师的教学能力、研究能力以及整体素质，为美育教育贡献更多力量。同时，教师也要不断努力，不断提高自己的专业能力和教学水平。

（三）师资队伍的素质教育

素质教育是高职院校美育教育师资队伍建设的重要环节。通过素质教育的实施，可以提高教师的教学能力、专业素养和综合素质，促进其提高教学效果。

借助培训和研修，教师可以不断提升自身的专业水平和知识储备。高职院校美育教育师资队伍需要掌握扎实的学科知识和教学方法，以提供高质量的教育服务。通过参加相关的培训和研修活动，教师可以学习到最新的教育理论和实践经验，不断更新自己的知识体系，提高教学能力和水平。

在师资队伍的素质教育中，要注重培养教师的创新能力和综合素质。美育教育是涉及多个学科领域的综合性学科，要求教师具备创新思维和跨学科的研究能力。通过鼓励教师开展创新实践、参与科研项目等，可以增强教师的创新能力和团队合作能力，提高他们解决问题和应对挑战的能力。

师资队伍的素质教育还需要注重培养教师的职业素养。美育教师不仅要具备专业能力，更需要有教育情怀和责任感。教师应秉持着对学生的关爱态度，通过激发学生的兴趣，培养他们的创造力和审美能力。同时，教师还应具备良好的职业道德，以引领学生树立正确的价值观。

综上所述，高职院校应注重对教师的培训和研修，营造良好的教育环境，不断促进美育教育师资队伍的素质提升，为促进学生成长发挥积极的引导作用。

二、自我发展与提升

（一）自我发展的重要性

正确理解自我发展的重要性，对于提升教师的专业水平和能力具有积极意义。在高职院校美育教育中，教师应当既是知识的传授者，又是培养学生综合素质的引领者。

个人自我发展是教师成长的内在动力。教师处于教育改革的前沿，需要不断适应新的教育需求。只有不断扩充自己的知识面、提高专业能力，教师才能更好地适应社会的发展需要，更好地满足学生的学习需求。

自我发展是教师提高职业素养的关键途径。教育是一项复杂的工作，教师必须持续追求自我提高。通过积极参与专业培训、学术研究以及教学实践的交流，教师能不断增强自己的专业知识和技能，提高教学水平，更好地满足学生的学习需求。

自我发展也有助于提升教师的教学效果和学生的学习成果。教师的专业发展程度与教学质量密切相关。通过持续学习、反思和实践，教师能够深化对学科知识和教学方法的理解，并能将理论与实践相结合，更好地指导学生学习。教师的自我发展对于高职院校美育教育的质量具有重要的影响。

因此，教师要正确认识自我发展的重要性，在不断学习、提高的过程中不断完善自己的教育能力和教学理念，以更好地服务于学生的成长。通过持续的专业发展，教师能够实现自身价值的提升，并为高职院校美育教育的发展做出积极贡献。

（二）自我提升的途径

在高职院校美育教育师资队伍的建设过程中，教师需要不断寻找适合自己的提升途径和方法，以提高教学水平和职业素养。

1. 持续学习

教师应不断积累新的知识和理论，关注最新的研究成果和前沿问题。通过阅读教育学、美学和心理学等方面的著作、期刊，参加学术会议和研讨会，互相交流与合作，教师可以保持对教育发展的敏感性和专业性。

2. 参与培训

通过参加各类专业培训班、研修班和实践活动，教师能不断更新自己的教学理念和方法，拓宽教育视野。这些培训和进修活动可以提供丰富的教育资源和实践机会，帮助教师具备创新意识和提升教学能力。

3. 加强实践

教师应经常对自己的教学实践进行反思和总结，寻找优化和改进的方法。开展教学反思会议、课题研究、教育实验等，可以帮助教师发现问题、解决问题，提高教育实践水平。

4. 寻求指导

教师可以寻找经验丰富、教学水平高的导师或专家，获得他们的指导和帮助。导师可以帮助教师发现自己的潜能，提供专业建议和指导，促进教师不断成长。

5. 积极合作

与同行进行定期交流、分享教学经验，互相借鉴和共同学习，是提升教师教育水平的有效途径。通过组织专业研讨会、教学观摩等活动，创造良好的学习合作氛围，可以激发教师的创造力。

采用以上方法，教师可以不断提升自己的教育能力，实现个人的自我发展。同时，自我提升也与高职院校美育教育之间存在着紧密的联系。只有通过不断的自我提升，教师才能更好地适应美育教育的发展，更好地为学生的全面发展服务。

总之，高职院校美育教育师资队伍的自我提升是一个不断学习、不断进步的过程。教师应保持学习的心态，积极参与各种自我提升的培训，促进教育事业的蓬勃发展。

（三）自我发展与高职院校美育教育的关系

在高职院校中，美育教育扮演着培养学生审美情趣和创造力的重要角色，而教师的自我发展与美育教育密不可分。

对于高职院校的美育教师来说，自我发展是强化专业知识和教育教学理论的重要途径。通过不断学习和研究，教师可以不断提升自身的学术修养和教学能力，更好地服务于美育教育的发展。例如，教师可以参加各类学术研讨会、教育培训班等，拓宽自己的视野，更新自己的教学理念，从而为高职院校的美育教育注入新的活力。

自我发展还可以激发教师的创造力和教学热情。在高职院校的美育教育中，创新是非常重要的内容。教师需要不断探索创新的教学方法，以激发学生的创造力和想象力。而自我发展可以让教师更加了解自己的优势和不足，并找到适合自己的教学方法。通过不断尝试和反思，教师可以在教育实践中不断创新，提高美育教育的质量。

自我发展还有助于教师的职业发展。在高职院校中，美育教育师资队伍的建设是一项长期而复杂的工作。只有通过不断地自我发展，教师才能在职业生涯中不断提升自己的职业能力和职业道德水平。通过自我发展，教师不仅可以得到同行和学校的认可，还可以获得更多的职业机会和晋升的可能性。

综上所述，自我发展与高职院校美育教育紧密相连。教师通过自我发展，不仅提升自身的教学能力，为美育教育注入新的活力，还可以促进自身的职业成长。高职院校应将自我发展作为美育教育师资队伍培养计划的重要内容，为教师提供更多的机会，促进他们不断进步。

三、职业发展路径

（一）教师职业发展路径的定义与特征

教师职业发展路径是指教师在职业发展过程中所需要追求和实现的目标。它是教师在不同层面获得专业技能、知识和经验的过程。

教师职业发展路径是一个动态的过程。这意味着它不是一成不变的，而是随着时间和个体的发展不断变化的。教师在从事教育工作时会不断积累经验、获得新的知识和技能，这些都会对他们的职业发展路径产生影响。教师应持续进行自我反思和学习，以适应不断变化的教育需求。

教师职业发展路径是个体化的。每个教师都有自己独特的职业发展轨迹和目标。根据个人的兴趣、才能和抱负，教师的职业发展路径会有所不同。有的教师可能更加注重专业技能的提升，有的教师可能更加关注教学方法的改进。教师应积极发掘自身的优势和兴趣，并根据个人情况来规划职业发展路径。

教师职业发展路径还具有多样性。不同的教师在职业发展过程中可能选择不同的路径。例如，有些教师可能通过深耕某一学科来提升自己的专业能力，有些教师可能更加注重跨学科的发展。教师的职业发展路径还包括教研、教学团队、学科带头人等不同的方向和领域。教师应根据自身兴趣和目标，选择适合自己的职业发展路径。

总之，教师应不断适应变化、科学规划自己的职业发展路径，并注重发掘个人的优势。这些努力有助于教师实现个人职业目标，提升教学质量，同时也有助于教育事业的长远发展。

（二）教师职业发展路径的选择与实施

在高职院校美育教育中，教师职业发展路径的选择与实施至关重要。

教师应充分了解自身的兴趣、特长和潜力。教师在职业生涯中会表现出不同的兴趣点和特长，根据自身的优势来选择合适的职业发展路径是关键。例如，有的教师擅长教学设计与创新，可以选择深入研究教学方法和教育技术方面的发展路径；有些教师更注重研究与理论探索，则可以选择成为学术研究型的教师。

教师应关注教育领域的需求和趋势。教育领域是一个不断变化的领域，不同的时代有不同的需求。教师应密切关注行业动态和政策导向，以便选择适应时代发展的职业路径。例如，随着信息技术在教育中的应用日益广泛，教师可以选择成为信息技术教育方面的专家，以适应数字时代的教育需求。

教师应积极寻求相关的资源或机会来支持职业发展路径的选择与实施。学习、培训和进修是教师职业发展的重要途径，可以拓宽教师的专业知识，提供更多的发展机会。教师可以参加相关的培训和研讨会，参与学术交流与合作，争取获得项目和课题的支持，以提升自己在职业发展上的竞争力。

教师还应注重个人发展的长期规划。教师的职业发展并非一蹴而就，需要有长期的规划和目标。教师可以根据个人的职业理想和目标，制定长期发展计划，并逐步实施。这样可以保持职业发展的连续性和稳定性，更好地实现个人职业目标。

总之，教师应根据自身特长与兴趣，关注行业需求与趋势，积极寻求发展机会，制定长期规划与目标。这样，教师才能更好地实现职业发展的目标，提升职业素养，为高职院校美育教育的发展做出贡献。

（三）教师职业发展路径与满意度的关系

职业发展路径对于教师的职业满意度具有重要影响。职业满意度是指个体对自己所从事职业的满意程度，它关系到教师的工作动机、职业投入和工作表现等。

职业发展路径为教师提供了明确的目标和方向。教师从事教育工作的初衷大多是出于对教育事业的热爱，但在职业生涯的不同阶段，教师可能面临着迷茫和困惑。职业发展路径的明确规划有助于教师明确自己的职业目标，并为其提供实现目标所需的各种资源和支持。在这个过程中，教师会逐渐认识到自己的职业发展与职业满意度之间的紧密联系，进而主动提升自己的职业素养，从而提高职业满意度。

职业发展路径为教师提供了成长的机会与平台。职业满意度通常与个体的自我成长和发展有着密切的关系。职业发展路径的选择与实施可以促使教师不断学习和提升自己的专业能力，开展教育教学研究和创新实践。通过参与各类教育培训、研修和学术交流，教师能不断拓宽自己的知识视野，提高专业水平，从而在教育工作中取得更好的成绩。这种不断成长的过程可以满足教师的内在需求，增强其对教育事业的投入，提高职业满意度。

总之，教师职业发展路径与教师的职业满意度紧密相连。教师应积极选择适合自己的职业发展路径，通过持续的学习和发展，提升自己的专业能力和职业素养，从而提高职业满意度。学校和相关部门也应积极支持教师的职业发展，提供完善的培训和发展机会，为教师实现职业目标提供有力的保障。

（四）教师职业发展路径的长远规划

职业发展路径的长远规划涉及教师在教育领域内的专业成长、晋升与职位拓展等方面的规划。对于高职院校的美育教育师资队伍来说，制定科学、合理的职业发展长远计划非常重要。

在制定长远规划时，教师应明确自身的职业目标和发展方向。这需要教师对自己的个人兴趣、专业能力、价值追求等进行全面考察。例如，有些教师更偏向于在教学岗位上取得突出成绩，有些教师则更愿意从事教育管理和领导工作，还有些教师希望通过学术研究来提升自己的声誉。根据个人的职业目标和发展方向，教师可以有针对性地选择适合自己的职业发展路径。

教师需要在职业发展路径的选择上考虑专业化与全面发展的平衡。对于美育教师来说，不仅要在教学技能方面不断提高，还要通过继续教育、参与项目研究和学术研究等途径不断拓宽自己的知识面。教师还应考虑教育管理和领导能力，以及沟通与协作能力等综合素质的培养。这有助于教师在职业发展过程中更加全面地发挥自己的优势。

教师职业发展路径的长远规划也与教师职业满意度密切相关。合理的职业发展路径能够提高教师的职业满意度，从而促进教师进步。例如，教师在职业发展中得到了适当的晋升，同时也获得了相关的培训和教育资源支持，这有利于激发教师的工作热情和创造力，并且让教师对自己的职业发展更加有信心。

教师应具备对职业发展路径进行长远规划的能力。教师应在制定规划、实施规划到评估规划的全过程中培养自己的职业意识和规划能力。教师需要根据实际情况不断完善自己的职业发展路径，灵活应对各种挑战。教师还可以通过与同行交流、参加学术研讨会和职业培训等途径，进一步增强自己的职业规划能力。

综上所述，高职院校美育教育师资队伍的长远规划应该围绕个人职业目标展开，并兼顾专业化与全面发展。合理的职业规划能够提高教师的职业满意度，同时，教师也应具备评估职业发展路径的能力。

第三节　师资队伍的管理与激励

一、招聘与选拔

（一）招聘与选拔的重要性

优秀的师资队伍直接关系到美育教育质量的提升和学生艺术素养的培养。科学合理地招聘与选拔美育教育人才就显得尤为重要。

招聘与选拔的重要性在于保证美育教育师资队伍的整体素质。通过精心设计的选拔流程，可以筛选出具备专业知识和技能的人才，确保他们具备教学能力，满足美育课程的要求。选拔过程中还能评估候选人的教学经验和教育理念，确保他们对美育教育具有热情。只有拥有高素质的师资队伍，才能有效引导学生，培养他们的艺术修养和创新能力。

招聘与选拔的重要性还在于提高美育教育的整体水平。通过选择经验丰富、技能过硬的教师，可以为学生提供更高质量的美育教育。优秀的教师能够设计出富有创意和启发性的教学方案，激发学生的学习兴趣和想象力，使他们在艺术创作中获得更全面的发展。招聘与选拔也能促进教师之间的交流与合作，共同探讨教学改进的方法，不断提高教育团队的教学水平。

招聘与选拔还能为高职院校美育教育师资队伍的可持续建设奠定坚实的基础。通过确保招聘与选拔流程的公正性和透明性，可以吸引更多优秀的人才加入美育教育事业。而且，为选拔入职的教师提供培训机会，可以鼓励他们不断学习和创新，使美育教育师资队伍不断壮大，有利于保持师资队伍的稳定性。

总之，招聘与选拔对于高职院校美育教育师资队伍的建设具有重要意义。它能保证教师的整体素质，提高美育教育的水平，为教师队伍的可持续建设提供支持。高职院校应重视招聘与选拔工作，采用科学有效的方法，选拔出适合教育需求的优秀人才，为学生提供更优质的美育教育服务。

（二）招聘与选拔的策略

为了有效提升高职院校美育教育师资队伍的水平，选择科学的招聘与选拔策略非常重要。

1. 明确选拔标准

招聘与选拔标准的明确对于选择合适的美育教育师资至关重要。标准的制定应考虑招聘岗位的特点、职责要求以及教学经验、专业背景等方面的要素。要确保选拔程序的公平和透明，避免出现主观偏差。

2. 宣传招聘信息

要通过多种渠道发布招聘信息，如互联网、相关学术期刊等，以吸引更多优秀人才参与美育教育师资的选拔。还可以与其他高校建立合作关系，共享招聘信息，扩大招聘范围，增加选取合适人才的机会。

3. 评估选拔过程

美育教育师资的选拔不能仅依赖于简历和面试，还应注重综合评估，例如教学演示、教学设计等，以全面了解候选人的能力和潜力。还可以考虑组织学科考试或专业技能测试等，确保选拔的准确性和有效性。

4. 深入沟通交流

招聘过程中，与应聘者进行深入的沟通与交流是非常重要的，可以通过面试或专业小组讨论等方式，了解应聘者对美育教育的理解、教育理念以及教育经验等方面的情况，进一步评估其适应高职院校美育教育岗位的能力和素养。

5. 建立反馈机制

招聘与选拔后，对招聘结果进行反馈也是非常重要的环节。及时向应聘者提供结果反馈，如选拔结果、评审标准等信息，可以让应聘者了解自己的不足之处并加以改进，与此同时也能提高整体选拔水平，不断提升美育教育师资队伍的素质。

因此，明确标准、广泛宣传、综合评估、深入沟通以及建立反馈机制等方法的结合应用有助于选拔出更优秀、更适合美育教育的人才，为高职院校美育教育的发展提供强有力的支持。

二、管理与考核

（一）管理与考核的意义

正确的管理与考核能够帮助美育教育师资队伍实现有效运作，提高教师的综合素质和教学水平，促进师资队伍的持续优化。

管理与考核可以帮助确立师资队伍的目标和职责。通过制定明确的管理目标和考核标准，可以激励教师在美育教育工作中勇往直前，努力实现个人和团队的目标。明确的职责分工和责任界定可以使教师更加明确自己的工作职责，从而提高工作效率和责任意识。

管理与考核能够实现师资队伍的合理配置。通过科学的管理和考核，可以对不同层次、不同岗位的教师进行分类，合理配置和安排工作任务。分析考核的结果，可以对教师的表现进行评价，激励教师积极进取，提高工作质量。管理与考核还可以发现师资队伍中的问题和不足，及时进行改进和补充，从而不断提升师资队伍的整体素质。

管理与考核还有利于师资队伍的持续进步。通过定期的管理和考核，教师可以对自己的教学工作进行深入的回顾和总结，发现自身的不足。在此基础上，可以及时纠正错误，改进教学方法，提升教学水平。管理与考核还可以为教师提供专业发展的机会和资源，激发教师的学习热情，不断提高专业能力。

总之，管理与考核在高职院校美育教育师资队伍的建设中具有重要的意义。它可以帮助确立目标和职责，实现合理的配置，促进教师的持续进步。

（二）管理与考核的问题

在高职院校美育教育师资队伍的管理与考核方面，存在着一些问题。一是目前的管理与考核机制不够完善，缺乏科学合理的评价标准和方法。由于美育教育的特殊性和跨学科性，传统的考核体系无法全面评估教师的教学能力和专业水平。二是管理与考核的过程缺少透明度，存在主观性的现象。部分高职院校存在一些不规范的管理与考核行为，导致教师的工作积极性和创造力受到限制。三是管理与考核的重点过于单一，主要侧重于教学成果，忽视了教师的专业发展和创新能力的培养。这种过度强调结果而忽视过程的管理方式容易造成教师的焦虑感，降低了他们的工作积极性。

针对上述问题，应该采取系列改进措施。要建立科学合理的管理与考核机制，根据美育教育的教学特点和课程设置，确定出适用于高职院校美育教育师资队伍的评价标准和方法。评价的内容应涵盖教学能力、教研能力、创新能力及学生综合素质培养等方面，形成多元化的考核体系。管理与考核的过程要注重公正性，建立科学的教学观察和评价机制，包括同行评教、学生评教以及教学观摩等，使考核结果更具客观性。注重对教师的专业发展和创新能力的培养，建立继续教育和职业发展的支持体系，提供培训、交流和研讨的机会，激发教师的学习热情。

在管理与考核的过程中，还需要高职院校相关部门和领导充分重视。组织相关的培训和研讨活动，提供发展的机会和平台，加强对美育教育师资队伍的引导和监督，确保管理与考核工作顺利进行。同时，教师也应积极参与管理与考核，不断提升自己的教学能力和专业水平，关注学生的学习效果，为美育教育的发展做出积极贡献。

（三）管理与考核的方式

在高职院校美育教育师资队伍的管理与考核中，为了保证教师的教学质量和专业水平，制定合理的管理策略是非常重要的。

1. 完善评估系统

通过定期对教师进行教学观察和评估，可以全面了解教师的教学能力和教学效果。这一系统包括学生评价、同行评估和专业评审等多个方面。学生评价是了解教师教学效果的重要依据，可以通过问卷调查、小组讨论等方式收集学生对教师的反馈意见。

同行评估则可以借鉴其他教师对同一教学内容的评估结果，获得一个客观的评价标准。专业评审可以邀请相关专家对教师的教学方案、教学设计和教学成果进行评审，以促进教师的专业能力提升。

2. 建立奖励制度

建立激励与奖励制度是提高教师教学积极性和工作热情的一种有效方式。例如，可以通过评选优秀教师、优秀课程等活动来激励教师的教学创新。还可以组织教学竞赛、科研项目等，促进教师提高教学水平。

3. 提供培训机会

教师作为专业人员，需要不断提升自己的教学能力和专业素养。学校应该提供各类培训和学术交流机会，包括参加学术会议、参与教学研讨、开展教学观摩等。还可以鼓励教师参与科研项目和教材编写等，提高教师的专业能力。

4. 强化评价反馈

教师的成长和进步需要良好的反馈机制来指导。学校可以建立科学的教师评价体系，及时给予教师针对性的反馈意见，帮助他们发现自身的不足并加以改进。学校还可以鼓励教师进行自我评价和自我反思，不断完善教学技能。

总之，通过建立教学观察与评估系统、激励与奖励制度、提供专业培训以及建立有效的反馈机制，可以促进教师提高教学质量，进而为美育教育提供更好的支持。

三、激励与奖励

（一）激励与奖励的作用

激励与奖励能够激发教师的积极性和创造力。美育教育的特点是注重创意和创作，需要教师具备一定的艺术修养和创造力。通过制定科学合理的激励与奖励机制，可以激发教师的积极性，让他们投入更多的精力和热情，不断探索、创新以及提升美育教育的教学效果。

激励与奖励能够提高教师的工作满意度和工作质量。激励与奖励对教师来说并不只是一种物质上的回报，更是一种肯定和认可。当教师感受到来自学校和社会的激励时，他们的工作满意度和归属感会得到增强，从而更加热爱美育教育工作。在激励与奖励的推动下，教师会更加努力地提高自己的教学水平和专业能力，不断提升工作质量。

激励与奖励也是美育教育师资队伍建设的重要保障。美育教育是高度专业化和艺术化的领域，教师需要具备一定的专业知识和技能。通过激励与奖励，可以吸引更多有能力、有潜力的人才加入美育教育师资队伍，保证人才的稳定供给和队伍结构的优化。激励与奖励也能够帮助学校评估教师的工作表现和发现潜在问题，及时进行管理和指导，提升教师团队的专业水平。

因此，只有建立科学合理的激励与奖励制度，才能够更好地发挥教师的潜力和创造力，提高工作满意度和工作质量，促进美育教育事业的不断发展。

（二）激励与奖励的方法

通过有效的激励与奖励，可以激发教师的工作热情，增强其创新能力和责任心，进而提高学生的学习效果。

1. 健全激励体系

高职院校应制定科学的激励与奖励政策，包括对教师的工资待遇、职称评定、晋升机制等方面的规定。这样一方面可以确保教师在物质上得到合理的保障，另一方面也可以提高教师的工作积极性。

2. 开展师风建设

通过定期评选表彰优秀教师，不仅能够树立榜样，激励其他教师向优秀教师看齐，还可以起到引导教师树立正确价值观的作用。另外，鼓励教师参与社会实践活动，提高其声誉和知名度，也是一种有效的激励方式。

3. 支持科研工作

高职院校可以通过设立教学研究课题，提供科研经费和研究平台，鼓励教师参与教育改革和创新活动。同时，还可以举办教学研讨会、学术交流活动，为教师提供展示和交流的平台，激励其不断提升教学水平和专业技能。

4. 尊重个体差异

在激励与奖励的设计中要考虑教师的个人差异和不同需求，注重给予个性化的奖励，以更好地满足教师的自我实现的需求。这包括提供技能培训的机会、学术研究成果的发表和荣誉称号的授予等。

总之，通过建立健全激励与奖励体系、开展师风建设、鼓励教师参与教研活动等，可以激发教师的工作热情，提升美育教育质量。

（三）评估与反思

通过对激励与奖励制度进行评估，可以发现其中存在的问题和不足，进一步优化并提升激励的效果。

评估激励制度需要考虑其目标导向性。制定激励制度的目的是为了激发教师的积极性和创造性，进而提高他们的教学水平和工作效率。评估时需要关注激励制度是否能对教师的表现与贡献进行量化和评估，是否能真正鼓励教师不断提升自己的教学能力。

对激励制度进行评估还应该考虑公正性。制定激励制度时，必须遵循公正、公平、透明的原则，确保所有教师都有机会参与其中，并根据其个人的表现和贡献进行评估和奖励。在评估过程中，应该采用多种指标和评价方法，避免只依靠单一的指标，从而造成评估结果的不准确性。

在对激励制度进行评估时，需要关注教师对激励制度的反馈和意见。教师是直接参与制度实施和受益的主体，他们的意见和建议对于制度改进至关重要。通过定期开展听证会、调查问卷、座谈会等，可以获取教师对激励制度的看法，了解他们的需求和期望，并根据其反馈及时优化制度。

因此，评估时要注重目标导向性、公正性和教师反馈意见等，以确保激励与奖励能够真正发挥其重要作用，激发教师的积极性，促进队伍的稳定。只有通过不断的评估与反思，我们才能不断完善和提升激励制度的效果，为高职院校的美育教育开展做出更大的贡献。

四、学生评价与反馈

（一）学生评价与反馈的重要性

学生评价与反馈在高职院校美育教育中具有重要的作用。学生评价与反馈能够提供有价值的信息，帮助教师了解学生对教学内容、教学方法和教师表现的意见。通过收集学生的评价与反馈，教师可以了解教学效果和教育方法是否有效，以及是否满足学生的需求和期望，从而及时进行调整和改进。

学生评价与反馈可以促进教师的专业发展。通过对学生的评价与反馈进行认真分析，教师可以发现自身的不足之处，进一步提高自己的教育水平和教学能力。

学生评价与反馈还可以增强学生的参与感与责任感。当学生被鼓励参与到教学评价与反馈中来时，他们会认识到自己的意见对于教师的改进非常重要，对于教师和学生之间的互动关系也有积极的促进意义。

学生评价与反馈是提高教育质量与教学效果的重要手段。通过对学生进行综合评价和反馈，能够建立起相对客观和准确的教学质量评估体系，有助于提升教学的整体质量，促进美育教育在高职院校中的不断发展。

总之，学生评价与反馈在高职院校美育教育中具有重要的作用，可以提供有价值的信息、促进教师的专业发展、增强学生的参与感与责任感，同时也是提高教育质量与教学效果的重要方式。在美育教育中，要重视学生评价与反馈，并采取相应的策略，使其发挥出最大的作用，促进高职院校不断提高美育教育水平。

（二）学生评价与反馈的形式

通过学生评价与反馈，教师可以更好地了解学生对于美育教育的需求，从而及时调整教学策略。

通过问卷调查，可以全面了解学生对于美育教育的满意度，以及他们针对教学内容、教学方法等方面的意见和建议。这种方式可以帮助教师更好地了解学生的需求，并进行相应的调整。

教师可以定期开展学生评议会或座谈会，与学生进行面对面的交流和对话。这种形式能够更直接地听取学生的意见和反馈，并及时解决学生所面临的问题。通过座谈会，教师可以更深入地了解学生的学习需求，从而更好地调整教学策略。

教师还可以通过学生作品展览或比赛等收集学生的评价和反馈。学生的作品可以直接展示他们在美育教育中的收获和成长，同时也可以反映他们对于教学方法和内容的理解。教师可以通过评审学生作品的方式，获得学生对于教育质量的客观评价，对于教师来说，这是一种非常重要的反馈。

教师也可以利用新媒体平台收集学生的评价与反馈。通过建立在线问卷或者学生留言板等，学生可以方便地表达自己的需求和意见，同时也提供了一个交流分享的平台。教师可以定期查看在线反馈情况，及时作出相应的调整，提高教育质量。

综上所述，学生评价与反馈在高职院校美育教育中起着十分重要的作用。通过定期的问卷调查、举行学生评议会或座谈会、展览作品或比赛以及利用新媒体平台等多种形式，可以更好地了解学生的需求、收集学生的意见，并及时进行相应的调整。这有助于提高美育教育的质量，为学生提供更好的学习环境。

第五章 高职院校美育教育的实践

第一节 高职院校美育教育与校园文化建设

一、基本概念与主要内容

(一) 美育教育的理论基础

在高职院校中，深入了解和把握美育教育的理论基础，是开展校园文化建设的先决条件。

1. 美学

美学作为研究美、美感、美学意识和审美活动的学科，为美育教育提供了理论指导。美学强调审美经验和美感的培养，强调艺术形式和艺术表达的认识。通过美学的启发，可以引导学生认识和领悟美的品质和价值，提高他们的审美能力和鉴赏水平。

2. 教育学

教育学主要研究教育的目标、原理、方法和价值，为美育教育提供教育理论的指导。在美育教育中，要使用科学的教育手段和方法，强化学生对艺术和美的认知，激发他们的创造力和想象力，培养他们的审美情趣和文化素质。

3. 心理学

通过对学生心理特点和发展规律的研究，可以更好地设计和开展美育教育活动。心理学的知识可以帮助教师了解学生的审美需求和兴趣，了解学生的情感和情绪变化，从而更好地调动学生参与美育教育的积极性。

总之，美学、教育学和心理学等相关领域的理论知识为美育教育提供了支持，为高职院校校园文化建设的内容提供了依据。在实践中，要善于运用这些理论知识，充分发挥校园文化在美育教育中的作用，促进学生全面发展。

(二) 校园文化的内涵与分类

校园文化是指学校内部的各种文化元素所构成的整体，包括学习文化、社交文化、艺术文化等。

在校园文化中相对重要的是学术文化。高职院校美育教育旨在培养学生的美育素养，提升他们的审美能力和艺术修养。学校应注重学术文化的建设，鼓励教师和学生进行学术研究，举办学术讲座和学术竞赛等活动，以提高高职院校学术水平和创新能力。

校园文化还包含社交文化。高职院校是学生交流与互动的重要场所，学校应当创造良好的社交环境，加强学生之间的交流和合作。举办各类社交活动，如展览、座谈会、文化展演等，可以促进学生之间的相互了解，培养他们的社会交往能力和团队合作精神。

艺术文化也是校园文化中不可或缺的一部分。美育教育的核心是培养学生的艺术修养，提升他们的审美能力和艺术表达能力。学校应当鼓励学生参与各类艺术活动，如音乐会、舞蹈表演、戏剧展演等，培养学生的艺术鉴赏能力和创作能力。

校园文化根据其目标和内容的不同，可以分为学习型文化、竞赛型文化、创新型文化、素质拓展文化等。学习型文化强调学生的学习和科研能力培养，通过举办学术讲座和培训班等活动，鼓励学生积极参与学术研究和科技创新。竞赛型文化注重学生的竞争意识和团队合作能力，通过组织学科竞赛和技能比赛等活动，激发学生的竞争意识和创新思维。创新型文化鼓励学生勇于尝试和创新，开展各类创新创业活动，培养学生的创新能力和创业精神。素质拓展文化注重培养学生的兴趣爱好和综合素质，通过开展丰富多彩的课外活动，帮助学生全面发展和健康成长。

（三）校园文化建设的内容

在美育教育中，校园文化建设涵盖多个方面，旨在提升学生的审美意识、身心素质以及个人能力。

学校可以开展丰富的文化活动来培养学生的艺术修养。例如，定期举办舞蹈、音乐、戏剧等艺术表演活动，让学生展示自己的才华，提高他们对艺术的理解和欣赏能力。开设美术、音乐、舞蹈等相关课程，为学生提供系统的艺术培训，培养他们的创造力和表达能力。

学校可以加强校园环境的艺术化布置。通过对校园建筑、校园景观等进行艺术化的改造和装饰，营造出浓厚的艺术氛围。学校可以邀请艺术家或专业设计机构参与校园环境的设计，让校园变成一个艺术的展示空间，激发学生的创造力和艺术感知能力。

学校可以在课程设置中融入艺术元素，使美育教育与学科教育有机结合。通过将艺术教育融入到其他学科中，例如在语文、数学、科学等课程中引入相关的艺术活动或案例，让学生在学科学习中感受到美的存在和价值。这样不仅能加深学生对学科知识的理解，还能培养他们的跨学科思维和创新能力。

学校还可以通过强化师生的美育意识，促进校园文化建设。教师在教学中应注重培养学生的艺术欣赏能力和审美能力，并通过个人示范引领学生积极参与校园文化活动。学校可以举办美育教育的研讨会、培训班等，加强师资队伍的专业素养和能力提升。

总之，美育教育中校园文化建设的内容涵盖了校园文化活动、校园环境设计、课程融合和培养美育意识等方面。通过这些方式，可以有效提高学生的艺术修养和审美水平，为其全面发展打下良好基础。

二、实践路径与积极意义

(一) 美育教育的实践路径

在高职院校中，美育教育的实践路径是多维度的。通过课程设置和教学方式的创新，可以实现美育教育的融入。高职院校可以开设多样化的美育课程，如绘画、音乐、舞蹈等，以满足学生的多元化需求。同时，借助现代教育技术，如虚拟现实技术、在线教育平台等，促进美育教育的创新与拓展。通过这样的实践，学生能够在丰富的艺术体验中不断提升审美能力和创造力。

高职院校可以与文化机构、企业等建立合作，开展实践项目。这种合作包括组织参观艺术展览、文化交流活动等，使学生身临其境地感受艺术之美。同时，还可以邀请艺术家、文化名人等来校园讲座、授课，与学生互动交流。通过这样的实践，学生能够深入了解艺术行业的现状与发展趋势，培养自己学习艺术的能力和兴趣。

高职院校还可以开展校园文化活动，搭建多层次、多元化的实践平台。比如，可以组织艺术节、文化展览、演讲比赛等活动，激发学生的艺术创造力和表现力。同时，可以开展社团活动，如合唱团、舞蹈社等，让学生在团队合作与个人发展中体验美育教育的魅力。通过这样的实践，学生能够发挥自己的特长和潜能，同时提高对校园文化的认同感。

因此，通过课程设置和教学方式的创新，与文化机构、企业的合作，校园文化活动的举办等多方面的努力，可以实现校园文化建设的目标。这些实践路径可以提高学生的审美素养和艺术表达能力，也可以促进学生全面发展。然而，虽然实践路径多样，但我们也要正视其中可能面临的问题。关注问题，寻找解决办法，并不断完善实践路径，才能更好地促进美育教育的发展。

(二) 校园文化建设的积极意义

在高职院校的美育教育中，校园文化建设是一项重要的实践举措。为了提升学生的综合素养和审美意识，学校采取了一系列的措施来促进校园文化的建设。

1. 培养艺术兴趣

通过开设各种形式的艺术课程，如音乐、舞蹈、绘画和书法等，学生有机会发展自己的艺术潜能。学校还可以积极引进专业艺术团队来举办音乐会、舞蹈演出和美术展览，让学生有机会观摩优秀的艺术作品，激发他们的学习兴趣。

2. 开展艺术活动

学校通常会组织各种艺术节和比赛，如诗歌朗诵比赛、摄影比赛和话剧演出等。这些活动旨在激发学生的创造力和艺术表达能力，并提供一个展示自己才华的舞台。

通过参与这些艺术活动和比赛，学生能不断提高自己的艺术水平，并且在竞争中锻炼自己的综合能力。

3. 营造艺术氛围

通过美化校园环境，学校可以营造浓厚的艺术氛围。在校园的角落里，可以设置各种艺术装置和雕塑，墙壁上可以悬挂学生的艺术作品。学校还可以定期举办文化艺术节，邀请艺术家和学者来校园讲座和交流，引导学生在艺术氛围中学习。

4. 重视沟通合作

学校要与艺术机构和文化机构建立良好的合作关系，不仅提供实习机会和学习资源，还举办联合活动和艺术展览。这种合作不仅拓宽了学生的视野，还为学生提供了更多的实践机会，促使校园文化建设更加丰富。

总之，高职院校在美育教育中，通过校园文化建设的实践举措，不仅提升了学生的艺术水平和审美意识，还培养了学生的创造力和团队合作能力。然而，在实践中也面临一些问题，如资源不足和师资力量不强等。学校需要加强相关的投入，持续推进校园文化建设。

（三） 实践中面临的问题

在高职院校校园文化建设的实践过程中，人力资源的投入和管理是一个关键问题。美育教育的实施需要专业的教师团队，以及艺术专业的师资力量。然而，在不少高职院校中，由于资源分配不均，人才稀缺，导致美育教育在实践中受到限制。高职院校需要加大对美育教育事业的投入，提高美育教师的数量和质量，以确保校园文化建设顺利进行。

课程体系和教学方法的融合也是一个需要面对的问题。由于高职院校的特殊性，很多美育教育的课程体系和教学方法需要与专业课程融合，形成一种有机结合的模式。这种模式的设计和实施并不容易。一方面，需要专业教师具备跨学科的能力，能够将美育教育与专业课程相结合；另一方面也需要创新教学方法，激发学生的创造力和想象力。高职院校需要在课程设置、教学方法等方面进行深入研究，以提高美育教育的实践效果。

校园文化建设的实践中，还面临着传承传统文化的问题。在当下，传统文化的价值日益凸显，高职院校需要将传统文化元素融入到校园文化建设中，让学生在感受美的同时，能够了解和传承优秀的传统文化。然而，传统文化的传承和创新并非易事，需要高职院校与社会资源紧密合作，共同努力。只有在传统文化的传承与创新中取得突破，高职院校的校园文化建设才能充满活力。

校园文化建设的实践中，也需要对成果进行评估和反馈。美育教育所追求的不仅是教学过程的有效性，更是学生的整体素质和能力的提升。高职院校需要建立科学合理的评估体系，对美育教育的成果进行客观全面的评估。这不仅有助于监督和改进教学工作，还能为学生提供明确的发展方向。

三、建设途径与独特优势

（一）校园文化建设的途径

学校可以通过举办各类文化活动来推动校园文化的建设。这些活动包括艺术节、文化展览、演出等，通过让学生主动参与其中，激发他们对艺术的热爱。学校还可以鼓励学生参与艺术社团、文艺团队等组织，提供更多的艺术交流和展示机会，让学生获得更多的实践经验和锻炼机会。

学校可以借助现代科技，如互联网、移动应用等，促进校园文化的建设。通过建立校园共享平台，学生可以方便地获取各种艺术资源，参与各类文化课程或艺术项目，与其他学生进行交流和合作。同时，学校也可以利用网络媒体，借助大众传媒的力量，推广校园文化活动和成果，为校园文化提高影响力开拓新的渠道。

高职院校还可以与艺术机构、文化团体等合作，通过引进艺术家、教授等专业人才，举办艺术展览、讲座、工作坊等形式多样的活动，为学生提供更多的艺术交流和学习机会。通过与外部机构的合作，高职院校的校园文化建设能够得到更多专业资源，提高校园文化建设的质量。

总之，校园文化建设的途径是多样的，学校可以根据自身的特点，采取不同的方式来推动校园文化建设。同时，学校还应注重培养学生的艺术欣赏能力和创造力，通过培养学生的审美能力和表达能力，提升他们的人文素养和综合素质。

（二）校园文化的特征

校园文化建设是高职院校美育教育中的重要组成部分，它也是美育教育的具体实践方式。

1. 注重融合创新

校园文化不仅是传统文化元素的堆砌，更注重将传统文化与现代文化相结合，秉承创新的理念，针对学生的需求和特点进行设计。例如，在校园文化活动中融入科技元素，通过创意比赛、科技展示等形式，培养学生的创造力和创新精神。

2. 跨学科融合

校园文化建设不仅关注某一专业领域，而是以多学科的交叉为基础，将各个专业的特点和优势相互融合，形成一种综合性、多元化的文化氛围。例如，开展跨专业的联合创作活动、论坛讨论等，既能发挥不同专业的特点，又能促进学生之间的交流和合作。

3. 培养社会责任感

校园文化的建设不仅满足学生个人的需求，更注重培养学生的社会责任感。通过举办社会实践活动、志愿活动等，引导学生关注社会问题，主动参与公益活动，可以培养他们的社会责任感，让他们成为有社会担当的合格人才。

4. 注重沟通交流

校园文化建设要注重与国际接轨，进行文化交流。通过举办创意设计展览、国际文化节等活动，引进国外的专家和学者，加强与外国高校的合作，使学生接触到多元优秀文化，扩展他们的国际视野。

总之，高职院校校园文化的特点体现在创新、跨学科、社会责任和国际交流等多个方面。这些形式不仅丰富了校园文化的内涵，也为美育教育提供了丰富的实践载体。在实践中，高职院校应进一步深化校园文化建设，不断探索更具特色的形式，为学生的综合素质提升提供良好的条件。

（三）校园文化与美育教育的结合

校园文化作为一种具有特色和个性的文化形态，为美育教育提供了重要的平台和载体。它以培养学生的审美情趣、艺术修养和文化素养为目的，通过丰富的文化活动和艺术表演，促进学生全面发展。

校园文化与美育教育的结合体现在课程设置方面。通过将美育教育融入到各个学科的教学中，可以让学生在美育教育实践中获得更多的艺术体验和创造机会。比如，在语文课上，可以组织学生朗读诗歌、表演戏剧，培养学生的语言表达能力；在数学课上，可以设计各种有趣的几何图形让学生拼装，培养学生的空间想象力和创造力。

校园文化与美育教育的结合还表现在校园文化活动的组织上。学校可以举办各种形式的文化活动，如艺术展览、音乐会、舞蹈演出等，为学生提供展示才艺的舞台。这些活动不仅能培养学生的审美能力，还可以激发学生对艺术的热爱和创作激情。同时，学校还可以组织美术、音乐、舞蹈等社团活动，让学生有更多的机会参与艺术实践，发挥自己的特长。

校园文化与美育教育的结合也体现在校园环境的营造上。学校可以在校园中设置艺术展览区、音乐广场、书法墙等，为学生提供欣赏艺术的场所。学校还可以邀请艺术家和文化名人来校园讲座，为学生提供与专业人士交流的机会，激发学生的艺术创作潜力和创新思维。

高职院校特色的体现也是校园文化与美育教育结合的重要方面。不同高职院校拥有不同的专业特色和文化底蕴，可以在美育教育中充分发挥优势。比如，某高职院校的特色是传统工艺美术，那么学校可以开设相关的课程和实践活动，让学生在校园中深入了解传统工艺美术，培养相关专业人才。

因此，通过合理设置课程、组织文化活动、营造艺术环境和发挥特色优势，可以为学生提供更广阔的艺术空间和发展平台，促进他们全面发展。高职院校应在校园文化建设过程中，加大对美育教育的重视和支持力度，为培养具有创造能力的应用型人才做出贡献。

（四）高职院校特色的体现

在高职院校的校园文化建设中，我们要不断探索与创新，努力为学生提供一个更好的学习与生活环境。

高职院校特色的体现在于注重行业特色的融入。通过校园文化的建设，要将行业特色与学生的学习和生活紧密结合起来。以机械类专业为例，在校园文化建设中，我们要注重展示机械行业的先进技术、创新成果以及行业的发展动态，通过工程展览、科技竞赛等，让学生深入了解行业特色，激发他们的学习兴趣。

高职院校特色的体现还在于注重实践教育的融入。我们要关注学生的实践能力培养，在校园文化建设中鼓励学生参与各类实践活动。通过举办创业实践项目、实习实训、企业走访等，让学生将所学的理论知识应用到实践中，提升他们的实践能力和解决问题的能力。实践教育与校园文化相互融合，通过校园文化建设，激发学生参与实践的热情。

高职院校特色的体现还在于注重创新意识的培养。我们要促进学生具备创新思维和创新精神，在校园文化建设中注重培养学生的创新意识。通过举办创意设计竞赛、创新创业大赛等活动，激发学生的创新潜能，培养他们的创新能力和创业意识。同时，校园文化的氛围也要渗透到课程教学中，培养学生的创造性思维和创新能力。

综上所述，在校园文化建设的过程中，我们要以学生为中心，关注他们的成长需求，注重行业特色的融入、实践教育的融入以及创新意识的培养。通过这些努力，我们可以为学生提供一个具有高职院校特色的学习与生活环境，提高他们的专业素养和综合能力，为他们今后的职业发展奠定坚实的基础。

四、效果评估

（一）美育教育的效果评估

一是可以从学生的艺术修养和美感培养方面进行评估。美育教育的目标之一是培养学生对艺术的敏感性和欣赏能力。通过观察学生对各种艺术形式的反应，以及他们对于艺术作品的理解和表达能力等来评估他们的艺术修养水平。

二是可以从学生的创造力和想象力提升方面进行评估。美育教育应促进学生的创造力和想象力的提升，培养他们独特的艺术表达能力。通过观察学生的艺术作品，听取他们的观点和想法，以及评估其创造性思维的运用程度来评估美育教育对学生创造力和想象力的影响。

三是可以从学生的审美能力和创造性思维方面进行评估。美育教育旨在培养学生对美的理解和欣赏能力，以及创造性思维的养成。通过观察学生对艺术作品的评价、分析和理解能力，以及他们的创造性思维在艺术领域的运用程度来评估美育教育对学生审美能力的影响。

四是可以从学校和社会的认可度方面进行评估。美育教育的效果不仅体现在学生个体上，也应该得到学校和社会的认可和肯定。可以通过观察学校对美育教育的重视程度、校园文化建设的成果，以及社会对学校美育教育成果的评价来评估美育教育的效果。

总之，美育教育效果的评估应该综合考量学生的艺术修养、创造力、想象力、审美能力、创造性思维，以及学校和社会的认可度。通过全面评估美育教育的效果，及时调整教育策略，可以促进校园文化建设和学生个体发展的良性循环。

（二）校园文化建设的效果评估

评估校园文化建设的效果需要从学生的角度进行考察。校园文化建设的目的是为了更好地满足学生的需求，培养学生的创新能力、实践能力和综合素质。可以从学生的参与度、对校园文化建设的满意度以及对美育教育的认知等方面来评估校园文化建设的效果。例如，可以采用问卷调查、座谈会等方式，了解学生对校园文化建设的态度，以及他们在校园文化建设中的参与程度。这些反馈有助于评估校园文化建设的效果。

评估校园文化建设的效果还需要从教师的角度进行考察。作为校园文化建设的推动者和参与者，教师对校园文化建设的态度和行为直接影响着校园文化建设的效果。可以采用教师访谈、教学成果评估等方式，了解教师在校园文化建设中的作用，以及他们对校园文化建设的认知。通过分析教师的反馈，可以进一步评估校园文化建设的效果并提出改进措施。

评估校园文化建设的效果也需考察校园文化建设活动的成果与影响。例如，可以通过对校园文化建设活动的观察和分析，了解这些活动在增强学生文化素质、提高学生创新能力方面的作用。还可以通过分析学校文化建设的成果、校园文化产品的创意与反响等，评估校园文化建设的实际成效。

总之，评估校园文化建设的效果是一项综合性的工作，需要考虑学生、教师和校园活动的方方面面。只有通过全面、准确的评估，我们才能了解校园文化建设的实际效果，并为进一步改进校园文化建设提供科学的依据。

（三）相互影响的评估

美育教育的目标是培养学生的审美能力、创造力和文化素养，校园文化建设则为实现这一目标提供了必要的条件。评估美育教育与校园文化建设之间的相互影响，对于促进学生全面发展和营造良好的校园文化氛围具有重要意义。

美育教育与校园文化之间存在着相互促进的关系。美育教育为校园文化建设提供了丰富的内容和资源。通过开展各类艺术活动、文化交流和艺术展览等，学校能营造出浓厚的艺术氛围和文化氛围。同时，校园文化建设也为美育教育提供了广阔的展示平台。例如，学校可以通过建设高品质的艺术展览馆、音乐厅和舞台剧院等，为学生提供展示才华的机会，进一步激发他们的创作潜能。

美育教育与校园文化之间的相互影响在提升学生综合素质方面具有显著效果。美育教育注重培养学生的审美情操和艺术修养，能够提高学生对美的感知能力和艺术欣赏能力。校园文化建设则注重培养学生的创造力和综合素质。通过参与艺术实践、文化创作和社团活动等，学生能够得到全面的发展和锻炼。美育教育与校园文化建设之间的相互交融，能够让学生在艺术的熏陶中提升人文素养，同时培养出更多具有创新精神的优秀人才。

美育教育与校园文化的相互影响还能够提高学校的竞争力和影响力。注重美育教育和校园文化建设的学校，不仅给予学生更全面的教育，也能吸引更多的优秀教师和学生。学校通过打造丰富的校园文化活动和特色项目，能够提高学校的知名度，进而提升学校的整体竞争力和影响力。

综上所述，美育教育与校园文化建设之间存在着密切的相互影响关系。通过评估这种相互影响，可以更好地了解美育教育与校园文化建设的效果，并为促进美育教育发展提供科学依据。

第二节　高职院校美育教育与信息化建设

一、信息化建设的意义

（一）提高教育质量

为了适应社会的发展，开展高职院校美育教育信息化建设显得尤为重要。美育教育信息化的推进能够极大地提高教育质量。通过引入先进的信息技术和教学资源，学生可以更加方便地获取各种知识，拓宽他们的视野。在线教学平台、多媒体教学工具等的应用使得教师可以更加灵活地教学，创造出更多互动性强、趣味性高的教学活动。这些新技术的应用，极大地提高了教学效果，激发了学生的学习动力。

美育教育信息化建设能够促进高职院校教育的综合发展。当下，信息技术的快速发展带来了新的教学模式和教育理念。美育教育信息化建设的推进，使得高职院校能够更好地与时俱进，紧跟教育发展的步伐。通过引入先进的技术手段，高职院校能够提供与时俱进的教育资源，培养学生的创新能力和综合素质，提高教育质量。

美育教育信息化建设还能够提升美育教育的现代化水平。借助信息化技术，美育教育可以更加全面地覆盖学生的各个方面，满足学生的个性化需求。通过网络平台和在线课程的建设，学生能够随时随地获取高质量的美育教育资源，不再受时间和空间的限制。信息技术的引入，也可以提供更多形式以及内容丰富的艺术展示和交流平台，使得美育教育更具有创新性。

总之，高职院校美育教育信息化建设对于提高教育质量具有重要意义。它可以提供更加灵活的教学模式，也能够推动高校教育的综合发展，并提升美育教育的现代化水平。

（二）满足社会需求

随着时代的发展和社会的不断进步，美育教育在培养学生的艺术素养和创造力方面发挥着日益重要的作用。信息化技术的快速发展和广泛应用为高职院校美育教育提供了新的机遇和挑战。

美育教育信息化建设可以更好地满足学生对艺术学习的需求。传统的美育教育大多受到教育资源的限制，无法为广大学生提供多样化、个性化的学习机会。使用信息化手段，学生可以随时随地通过互联网接触到各种形式的艺术作品和资源，拓宽学生的艺术视野，激发学生的学习兴趣。

美育教育信息化建设要与社会发展需求相结合。现代社会对人才的要求越来越高，不仅要求学生掌握一定的专业知识和技能，还要求学生具备艺术素养和创新能力。通过信息化建设，高职院校可以更好地掌握社会对人才的需求，及时调整课程设置和教学方法，培养适应社会发展的高素质人才。

美育教育信息化建设还可以促进高职院校的改革。随着信息技术的广泛应用，高职院校需要不断创新教学模式，提高教学质量。通过引入信息化技术，高职院校可以实现线上线下教学的融合，提供更加多样化的学习方式。信息化建设还可以帮助高职院校建立大数据平台，以数据为基础进行教学改革和评估，推动高职院校的现代化发展。

总之，依托信息技术，可以增强学生的艺术学习体验，与社会发展需求相契合，促进高职院校的持续发展。

（三）提升现代化水平

在信息时代的背景下，信息化已经成为各个领域发展的趋势，美育教育也不例外。提升美育教育的现代化水平，可以更好地适应社会发展，也能促进教学质量的提高。

信息化技术的广泛应用可以为美育教育提供更多的教育资源和教学工具。依托互联网和多媒体技术，师生可以获得丰富的美育教育资源，包括艺术作品、名家讲座、艺术品展览等。利用信息化技术还可以创造更好的美育教学环境，例如虚拟现实技术可以为学生提供身临其境的艺术体验，增强学习的趣味性。

美育教育的现代化水平还表现在教育模式和方法的创新上。使用信息化技术，可以打破传统的教学限制，实现教育的个性化和差异化。例如，采用在线学习平台和互动教学工具，可以让学生在家里学习，并自主选择学习内容和进度，增强学生的学习自主性和自律性。美育教育也可以通过移动终端和社交媒体与学生互动，开展艺术创作和分享，促进学生之间的交流与合作。

信息化技术也为美育教育的实践应用和评估提供了新的方法。利用大数据分析和人工智能技术，可以对学生的学习情况和艺术素养进行全面、准确的评估。同时，通过云计算和在线平台，可以方便地进行教学资源的共享和交流，促进不同高职院校的合作。

因此，提升美育教育的现代化水平需要高职院校充分发挥信息技术的优势，借助互联网和多媒体技术，拓展美育教育的资源和方法。通过创新教育模式和评估手段，将美育教育与信息化紧密结合，可以实现美育教育的全面发展。

二、信息化建设的目标与任务

（一）设定具体目标

在高职院校美育教育的信息化建设中，设定具体目标是推动教育改革与提高教育质量的重要工作。

1. 提高艺术素养

通过信息化技术的引入，可以打破传统教学模式的限制，丰富学习资源的形式和内容，提供更多的艺术创作与欣赏机会，激发学生的学习兴趣，并培养他们的审美素养与创新能力。

2. 拓展互动空间

通过互联网和数字技术的应用，可以实现不受时间和空间限制的信息共享与传播，为学生提供更广阔的学习资源和学习机会。学生可以通过网络平台与其他学生或教师进行交流互动，扩大学术交流的范围，促进共同学习和共同进步。

3. 提升教学能力

教师是教育信息化建设的重要参与者和推动者，他们需要具备相应的信息技术知识和教学能力。通过教师培训和提供专业发展机会，高职院校可以帮助教师提升信息化教学水平，适应信息化教学环境的变化，并更好地发挥信息技术在美育教育中的作用。

总之，高职院校美育教育信息建设的具体目标包括促进学生艺术素养的全面提升，拓展教育资源与互动空间，以及提升教师的教学能力。这些工作将为后续的任务制定和路径选择提供指导，促进高职院校美育教育与信息化的有机融合。

（二）制定详细任务

在高职院校美育教育信息化建设的过程中，制定详细任务是实现目标的重要步骤。通过明确任务，可以使美育教育信息化建设更加有针对性和实效性。

1. 确定内容

这是制定详细任务的基础，需要明确美育教育信息化建设所涉及的领域和具体内容，例如艺术教育资源的开发，美术馆和博物馆资源的整合和利用，虚拟实验室的建设等。在明确内容的基础上，可以进一步分析任务所涉及的具体要求，以确保任务的可行性和有效性。

2. 制定计划

在制定详细任务时，需考虑美育教育信息化建设的时间要求和阶段性目标的实现。例如，可以将任务分为短期、中期和长期目标，分别规定每个阶段应完成的任务内容和时间节点。通过合理安排时间，可以使任务的执行更加有序和高效，确保美育教育信息化建设的顺利推进。

3. 明确责任

美育教育信息化建设涉及多个部门和人员的合作，在制定详细任务时，需要明确各方的责任和工作分工。确定责任人，明确具体工作职责，有助于形成协同合作的工作氛围，提高任务执行效率。

4. 及时评估

为了确保任务的完成质量，需要制定相应的评估指标和监测机制。评估指标主要包括美育教育信息化的教学效果，以及学生对艺术资源的使用情况等，通过定期监测和评估，可以及时发现问题并进行调整，以保证美育教育信息化建设的可持续发展。

总之，制定详细任务是高职院校美育教育信息化建设的重要环节，需要从内容范围、时间计划、工作分工和评估指标等方面进行规划。通过合理制定详细任务，可以保障美育教育信息化的有效实施，促进教育质量的提高。

（三）明确阶段任务

在高职院校美育教育信息化建设的初期阶段，要着重进行理论研究和政策制定。通过深入研究相关领域的理论知识，系统把握美育教育信息化的内涵，可以为后续的工作提供理论指导。

美育教育信息化建设离不开技术支持和相应的设备设施。在这个阶段，要深入调研市场上现有的技术和设备，选择适合高职院校美育教育信息化建设的技术和设备，并完成采购、安装和调试工作。

制定教学内容和平台建设计划。高职院校美育教育信息化建设需要合理设计教学内容，为学生提供丰富的学习资源和交互式学习环境。在这个阶段，要根据实际情况制定教学内容的开发计划，并完成相应的平台建设。

进行师资培训和教学模式探索。美育教育信息化的有效实施离不开具备相应能力的师资队伍，同时还需要不断探索适合美育教育信息化建设的教学模式。在这个阶段，要进行师资培训，提高教师的信息化素养，同时不断探索合适的教学模式。

开展评估工作。高职院校美育教育信息化建设是一个长期的过程，需要不断实施和评估。在这个阶段，要将前期制定的计划付诸实施，并定期进行评估，及时调整和完善。同时，我们也应加强与其他高职院校的交流合作，共同促进美育教育的信息化发展。

因此，每个阶段都有其具体的任务和目标，需要我们不断努力和实践，最终实现高职院校美育教育信息化建设的整体目标。

三、信息化建设的路径与措施

（一）信息化建设路径

在高职院校美育教育的信息化建设过程中，确定合适的信息化建设路径十分重要。信息化建设路径的选择将直接影响美育教育信息化的实施效果。

1. 强化基础设施建设

高职院校应确保校园网络环境和硬件设施的完善与更新。需要投入资金，提升网络带宽和设备性能，以适应美育教育信息化的需要。同时，组建专门的信息技术支持团队，负责日常的故障排除和技术维护，保证系统的稳定运行。

2. 完善教育资源整合

高职院校应积极整合和开发美育教育相关的教育资源，包括美术、音乐、舞蹈等多种形式的教育资源。利用信息化手段，建立教育资源库，实现资源的共享和互动。设计开发与美育教育相适应的教学课程，提高美育教育的实效性和吸引力。

3. 推进教学模式创新

高职院校可以利用信息化技术，优化传统的教学模式，推动美育教育的创新发展。通过引入互动式教育软件和多媒体教学资源，激发学生的学习兴趣和创造力。开展在线学习和远程教育，提供灵活的教学方式，满足学生多样化的学习需求。同时，鼓励教师探索美育教育的教学方法，不断提升教学质量。

4. 促进教师日常培训

高职院校应加大对美育师资的培养和引进力度，注重建设具有信息化教学能力的教师队伍。组织开展教师培训和研讨会，提高教师的信息化教学水平和教学能力。同时，建立激励机制，鼓励教师积极参与美育教育信息化建设，促进师资队伍的专业发展和创新能力的提升。

总之，只有综合考虑各个方面的因素，全面推进美育教育信息化建设，才能有效提升高职院校的美育教育水平，使之更加适应时代的发展。

（二）信息化建设措施

1. 明确建设规划目标

高职院校要明确美育教育信息化建设的目标和任务，确定各项建设指标和时间节点，并制定详细的工作计划。只有明确了方向，我们才能高效地推进建设，确保项目的顺利开展。

2. 加强师资队伍建设

教师是信息化建设的主要实施者和推动者，他们需要具备良好的信息技术素养和教学能力。高职院校要加强对教师的培训，提升其信息化应用能力和美育教育水平。还应该加强对学生的信息素养培养，提高他们的信息技术能力，让他们积极参与到美育教育信息化建设中来。

3. 建立健全服务机制

信息化建设需要有稳定可靠的技术支持和维护以及完善的服务机制。可以组建专业的技术团队，负责系统的维护、更新和故障处理。也可以建立一个有效的信息化支持平台，提供必要的培训、技术咨询和问题解决等服务，保障信息化建设能够顺利进行。

4. 推进校园网络建设

高职院校应加大投入，促进校园网络的覆盖，提供良好的网络环境和设备，为美育教育信息化建设提供坚实的基础。

总之，高职院校美育教育信息化建设的措施包括明确目标、加强师资队伍建设、建立服务机制以及推进校园网络建设等。这些措施将为高职院校美育教育信息化建设提供有力保障，推动其快速、健康、可持续发展。

（三）保障制度建设

在高职院校美育教育的信息化建设中，保障制度的建设是确保信息化建设能够有序进行的重要环节。只有建立科学、合理的保障制度，才能有效推动高职院校美育教育的信息化发展，实现预期目标。

1. 规范管理制度

高职院校需要制定一系列与美育教育信息化建设相关的管理制度，包括信息系统的规范使用、数据的安全管理、教育资源的共享与利用等。这些制度的建立不仅能统一思想认识，明确责任分工，还能规范操作流程，提高工作效率。

2. 健全支持制度

高职院校应组建一支专业的技术团队，负责美育教育信息化系统的维护与更新，解决系统运行中出现的技术问题。同时，还应该明确质量保障责任，加强对技术人员的培训与考核，确保信息化建设能够稳定、顺利地推进。

3. 完善评估制度

高职院校应建立健全美育教育信息化建设的监督评估机制，通过定期评估，分析信息化建设存在的问题，并提出改进措施。同时，还需要加强与其他高职院校的交流合作，借鉴成功经验，提高信息化建设的质量。

4. 优化激励制度

高职院校应建立奖励制度，鼓励教师和学生积极参与美育教育信息化建设，推动工作的有序开展。还应该加强与相关部门的合作，争取政策支持和资金投入，为信息化建设提供更好的保障。

综上所述，通过建立健全管理制度、技术支持保障制度、监督评估制度和激励机制，可以确保信息化建设有序进行，为推动高职院校美育教育的发展提供保障。

四、信息化建设的实践与评估

（一）实践应用

实践应用能够将美育教育与信息化技术有机结合起来，为学生提供更加丰富、多元的学习资源与互动方式。实践应用也有助于促进教师的教学水平提升。

高职院校可以利用技术设备和互联网平台，为学生提供具有创新性的美育教育内容。通过开设在线课程、设计虚拟实验室等，学生可以在虚拟环境中参与绘画、音乐、舞蹈等艺术形式的实践。这样的实践能够打破传统美育教育的时间和空间限制，使学生可以随时随地进行学习。这种方式不仅增强了学生的创造力和艺术感知能力，还能提高学生的信息素养和学习能力。

高职院校还可以组织学生参与美育教育信息化项目。例如，学生可以参与数字艺术创作比赛、虚拟实境美术馆的建设等，通过实践活动来提升自己的美育素养。学校还可以与企业、社区等进行合作，开展美育教育相关的社会实践活动。这样的实践不仅能培养学生的实践能力和创新意识，还能增强学生与社会的互动。

高职院校也应注重对美育教育信息化的效果进行评估与反思。可以采用问卷调查、实地观察等方式，收集学生和教师的意见，了解美育教育信息化的实际效果和存在的问题。同时，学校还可以与其他高职院校进行经验交流，借鉴其他学校的成功经验和方法，进一步完善美育教育信息化的实践应用。

因此，通过创新的教育技术手段和实践活动，能够丰富学生的学习体验，提高学生的艺术素养和信息技术能力。同时，高职院校也应重视对美育教育信息化实践效果的评估与反思，不断提高教育质量。

（二）成效评估

为了深入推进高职院校美育教育的信息化建设，必须对其成效进行及时评估，以确保实现预期目标并及时调整。

在教学效果评估方面，关注的是项目在美育教育中的实际应用情况。例如，教师在信息化环境下的教学效果是否提升，学生在美育课程中的学习积极性是否提高等。通过考察学生的学习成绩、学习态度和学业发展情况来评估教学效果，可以掌握信息化建设在美育教育中的实际影响。

在技术应用效果评估方面，关注的是项目中所应用的信息技术对美育教育的促进程度。例如，在美育课堂中使用的多媒体设备是否能有效展示艺术作品，学生在使用相关软件时是否能够熟练操作等。通过观察和调查，对技术应用效果进行评估，可以进一步改善和提升技术支持，确保信息化建设在美育教育中的有效应用。

在管理运行效果评估方面，关注的是项目在管理和运行上的有效性和可持续性。例如，学校是否能合理规划美育教育信息化建设的各项工作，是否能有效组织教师培训，以及是否能确保资源的充足和信息的安全等。通过对管理运行进行评估，能够发现存在的问题并提出相应的改进建议，以保障信息化建设的顺利进行。

在信息化建设的成效评估过程中，可以采用多种评估方法和工具，例如问卷调查、访谈、观察等。通过综合运用这些方法，我们能够全面客观地评估信息化建设的实际效果，并为进一步促进美育教育信息化建设提供依据。

总之，成效评估是高职院校美育教育信息化建设的重要环节，对于确保信息化建设的有效性和可持续性具有重要意义。通过不断评估和改进，我们能高效推进美育教育的信息化建设，为高职院校培养更多具有创新能力的人才做出贡献。

（三）建设问题与对策

在高职院校美育教育信息化建设的实践中，我们也面临一些问题与困难。一方面，技术发展的快速变化给美育教育信息化建设带来了不确定性。随着科技的不断进步，新的技术不断涌现，这使得我们在信息化建设过程中面临选择的困难。

美育教育信息化建设需要更多的资源支持。信息化设备、软件、网络等资源的投入是一项复杂的工作，这些资源的保障也需要大量的资金和人力投入。在信息化建设过程中，需要积极争取各方的资源支持，确保美育教育信息化建设能够持续推进。

信息化建设还需要提升教师的专业素养与能力。教师是信息化建设的重要推动者，他们需要具备良好的信息素养和技术能力，才能更好地应对信息化建设中的各种困难。高职院校要加强教师的培训，提高他们的应用能力，让他们更好地运用信息化方式进行美育教育。

针对上述问题，需要采取一些对策来促进高职院校美育教育信息化建设的顺利进行。要组建信息化建设的专门机构或团队，负责统筹和指导信息化建设过程，确保资源合理配置。要加强与外部合作伙伴的沟通与合作，争取更多的资源支持。要注重教师培训与发展，提高他们的教学能力。可以组织专业培训、开展教学研讨、建立教师互助平台等，提升教师的信息素养和技术能力，让他们充分发挥信息技术在美育教育中的作用。

第三节　高职院校美育教育与心理健康教育

一、美育教育与心理健康教育的重要性

（一）美育教育的理论基础和意义

在教育理论层面上，美育教育的理论基础包括感性认识理论和美学理论。感性认识理论强调通过感知和直觉来认识世界，美学理论更关注个体对美的体验和创造能力。美育教育通过培养学生的感性认识能力和美学素养，促进他们具备终身学习的能力。

美育教育的理论基础还可以从发展心理学和社会心理学的角度来解释。根据发展心理学的研究，青少年的认知、情感和创造力等方面的发展与他们对美的敏感度和理解力息息相关。美育教育可以提供丰富的艺术和文化体验，促进学生的认知和情感发展。社会心理学研究也表明，参与美育教育能够增强个体的自尊心和社会适应能力，提高情绪管理和人际交往能力。

美育教育的意义体现在培养学生的创新思维和审美情趣方面。研究发现，艺术学习和创作过程中的思考和决策，能够激发学生的想象力和创造力，培养他们的创造性思维和问题解决能力。通过欣赏和创造艺术作品，学生还能提高自身的审美情趣和文化素养，增强对美的感知和理解能力。

总之，这些理论的支持为高职院校心理健康教育的实践应用和效果评估提供了重要的依据。

（二）心理健康教育的理论基础和意义

心理健康教育的理论基础包含心理学领域的相关知识。心理学的发展为我们理解学生的心理特征、情绪变化、认知过程等方面提供了重要的理论指导。通过运用心理学的相关理论，我们能够更好地理解学生在不同阶段的心理发展特点，从而针对性地开展心理健康教育，满足学生的心理需求。

心理健康教育的理论基础还包括教育学、社会学等学科的相关知识。教育学帮助我们了解教育的本质和目标，指导我们在美育教育中更好地培养学生的健康心理。社会学则提供了社会环境对个体心理健康影响的结论，指导我们在实践中关注社会因素

对学生心理健康的影响，并采取相应措施加以调整。

心理健康教育的意义体现在多个方面，它能促进学生的身心健康发展。在当下，学生面临着来自学业、家庭、社交等多方面的压力，而心理健康教育能够帮助他们正确面对压力，提高应对能力，从而保持身心健康。

心理健康教育的实施可以提高学生的学习成绩。研究表明，心理健康状态良好的学生更容易集中注意力，保持积极情绪和良好的人际关系，这些因素有利于学生的全面发展。

心理健康教育还能培养学生的自我认知和情绪管理能力，增强他们的自信心和自尊心。这对于学生的学习和成长具有重要意义。

总之，心理健康教育在高职院校美育教育的实践应用中具有重要意义。我们应充分认识心理健康教育的理论基础和价值，进一步加强其在高职院校美育教育中的应用，为促进学生全面发展做出更大的贡献。

（三）美育教育与心理健康教育的结合

美育教育和心理健康教育是高职院校教育中两个重要的领域。美育教育注重培养学生的审美能力和艺术修养，旨在提高学生的审美水平。心理健康教育则关注学生的心理健康状况，帮助他们管理自己的情绪，具备良好的心理品质。

美育教育与心理健康教育的结合，其意义在于共同促进学生的全面发展。将两者结合起来，可以达到互补的效果。美育教育可以培养学生的审美情感和创造力，提高他们对美的领悟力。这些培养也对学生的心理健康有着积极的影响。美育可以帮助学生从艺术作品中获得情感共鸣，从而减轻压力。美育也可以增强学生的自我认同和自信心，帮助他们更好地应对挫折和困难。

心理健康教育的理念和方法可以为美育教育提供科学的引导。心理健康教育注重学生的情感管理和心理调适，提供了相应的心理知识和策略。这些心理健康的知识和方法可以帮助学生更好地欣赏和理解艺术作品，增强他们的审美能力。通过心理健康教育的引导，学生也能更好地了解自己的情绪需求和心理状态，从而在学习和创作中表达真实的情感。

美育教育与心理健康教育的结合也能为高职院校提供多元化的教育资源。美育教育和心理健康教育都包含着丰富的内容和方法，可以相互借鉴和融合。通过结合，可以为学校创设一个多元发展的教育环境，为学生提供更广阔的发展空间。同时，美育教育和心理健康教育也可以开展协同工作，共同策划和组织活动，助力学生全面发展。

综上所述，美育教育与心理健康教育的结合既能促进学生的艺术素养和审美水平提升，又能增强学生的情感管理能力。通过共同努力，可以为学生提供良好的教育环境，让他们在美育和心理健康教育中得到全面提高。

二、主要内容

（一）美育教育的具体内容

在美育教育的课程设置上，包括绘画、音乐、舞蹈、戏剧等艺术形式的学习和表达。通过培养学生对不同艺术形式的欣赏和理解能力，美育教育在一定程度上能够提升学生的审美能力和艺术素养。

在美育教育的实践中，注重培养学生的实践能力。例如，开设手工制作课程，让学生动手制作一些艺术品或手工作品，不仅锻炼学生的动手能力，也培养了他们的创造力和想象力。还可以通过实践活动，组织学生参观各类画展、音乐会、舞蹈演出等，让学生感受艺术的魅力。

美育教育还注重培养学生的审美情感和审美能力。通过开展文化沙龙、艺术论坛等形式的活动，激发学生对于艺术的热爱，培养他们对于美的敏感度和独特的审美眼光。同时，结合文学阅读、影视欣赏等，可以引导学生对不同艺术形式中所蕴含的情感和思想进行深入的思考。

总之，高职院校美育教育的具体内容包括艺术形式的学习和表达、实践能力的培养、审美情感的培养等多个方面。通过讲授这些内容，旨在提高学生的审美能力和艺术素养。

（二）心理健康教育的具体内容

心理健康教育作为高职院校美育教育中的重要组成部分，旨在促进学生具备健康心理。

心理健康教育注重学生自我认知的培养。通过课程设置和活动组织，学生可以了解自己的个性特点、情绪变化以及应对压力的能力等。例如，可以引导学生进行性格测试，了解自己的性格类型，并探讨不同性格类型对心理健康的影响。还可以采用绘画、写作等方式，帮助学生认识并表达自己的情绪，促进其情绪管理能力的提升。

心理健康教育注重人际关系的培养。高职院校学生处于人际交往频繁的阶段，良好的人际关系对于心理健康至关重要。心理健康教育可以开展一些团队活动、沟通训练等，帮助学生掌握与他人合作、沟通交流的技巧。学校也可以组织一些角色扮演或情景模拟的活动，让学生在虚拟情境中体验不同的人际关系，并学习有效解决问题的方法。

心理健康教育注重心理问题的预防与干预。学生群体中可能存在着一定比例的心理问题，针对这些问题，心理健康教育可以提供相关信息和知识，增强学生对心理问题的认知。同时，可以开设心理辅导课程或提供心理咨询服务，为学生提供专业的帮助。

心理健康教育注重心理健康资源的开发与利用。高职院校可以与心理健康中心、咨询机构等相关部门合作，共同促进心理健康教育的发展。通过合作以及资源整合，可以拓宽学生参与心理健康教育的渠道，丰富教育活动的内容和形式。例如，可以邀请心理专家来校讲座，组织心理素质培训等，提高学生的心理健康水平。

总之，高职院校美育教育中的心理健康教育包括学生自我认知、人际关系培养、心理问题的预防以及心理健康资源的开发利用等内容。通过系统的设计和有针对性的实践，将心理健康教育融入美育教育中，可以更好地促进学生全面发展。

三、实践应用

（一）教学方法与策略

高职院校要基于学生的特点和需求，采用多元化的教学方法，以提供丰富的学习资源并促进学生积极参与。

可以采用案例教学法，通过讲述实际案例来促进学生的思考和讨论。这种方法能够增强学生的实践能力，培养他们的问题解决能力。例如，选择一些与心理健康相关的案例，让学生分析案例中存在的问题，并提出有效的解决方案。

项目式学习也是一种有效的教学方法。通过将理论知识与实际项目结合，学生可以在真实的情境中应用所学知识。这样的学习方式能够培养学生的实践能力和创新思维，同时也能增强他们的合作与沟通能力。例如，在心理健康教育实践中，组织学生开展社区调研项目，让他们深入了解社区中存在的相关问题，并提出改进方案。

个案辅导也是一种重要的教学策略。通过与学生一对一的对话，教师可以了解学生的具体问题和需求，并提供个性化的指导和帮助。这种教学方法有助于提高学生的自信心和解决问题的能力。例如，教师可以为学生进行心理辅导，帮助他们解决在学习和生活中遇到的困难。

引入多媒体技术是提高教学效果的有效方法。通过运用多种教学资源，可以提高学生的学习兴趣和参与度。例如，使用高清影片、动画、模拟实验等，可以生动地展示与心理健康相关的知识和技巧，激发学生的学习兴趣。

总之，高职院校需要选择合适的教学方法。通过创造性地运用这些教学方法，提高学生的学习效果，培养他们的实践能力和创新思维，促进他们全面发展。

（二）教学资源的开发与利用

高职院校通过有效地开发和利用教学资源，可以为学生提供全面、丰富的学习体验，进一步促进他们的心理健康发展。

开发合适的教学资源是实现有效教学的基础。在美育教育中，可以通过搜集、整理和制作各种学习资源，如教案、课件、多媒体资料等，满足学生在心理健康教育中的不同需求。这些教学资源应贴近学生的实际情况，关注他们的兴趣，从而激发他们参与学习的积极性。

合理利用教学资源是提升教学效果的关键。通过合理运用各类教学资源，教师可以有效激发学生的学习兴趣，提高他们的参与度和学习效果。例如，教师可以运用多媒体教学工具展示案例、图片、视频等，以生动形象的方式呈现教学内容，增强学生的理解和记忆。同时，教师还可以引导学生利用网络资源进行学习、交流和分享，拓宽学生的视野，开阔他们的思维。

教学资源的开发和利用也需要注重与教学目标的契合。在心理健康教育中，教学资源的选择应当与教学目标一致，以确保教学的针对性和有效性。教师应根据不同的教学内容和学生特点，选择合适的教学资源，以促进学生在知识、技能、情感和态度等方面的全面发展。

总之，在实践应用中，教学资源的开发与利用是提升教学效果的重要环节。教师通过开发合适的教学资源，并使用多种教学方法，可以激发学生的学习兴趣。高职院校需要重视教学资源的开发与利用，不断完善和创新教学方式，为学生的健康成长提供保障。

（三）教师角色与能力提升

为了更好地开展教学，教师需要不断强化自己的角色认知和能力水平。教师应该意识到自己是学生心理健康教育的指导者。教师需要具备丰富的专业知识和技能，包括心理学、教育学、艺术学等。他们也需要不断学习新的教育理论，以及关于美育教育和心理健康教育的最新研究成果。

教师在提升自己的能力方面还需积极参与培训。通过参加培训课程、学习最新理论、分享经验等，教师能不断提高自己的专业素养和能力水平。教师还可以参加学术研讨会、参观考察等，与其他专家和同行交流，从中获取新的观点，进一步拓宽自己的视野。

教师在提升能力的过程中应注重自我反思和专业发展。他们应定期反思自己的教学实践，总结经验教训，不断改进自己的教学方法。教师要积极参与教学评估和反馈活动，通过对学生的学习成果和反馈意见进行分析，不断优化教学过程和效果。

教师在提升能力的过程中也要重视与学生和家长的沟通。教师应建立良好的师生关系和家校合作机制，积极与学生和家长沟通，了解他们的需求和反馈意见。教师可以通过家访、家长会等方式与家长交流，共同掌握学生的心理健康问题，共同制定解决方案。

总之，教师应意识到自己的指导作用，积极参与培训，注重自我反思和持续的能力提升，同时与学生和家长建立良好的沟通关系。通过这些努力，教师可以更好地履行自己的教育使命，为学生提供更好的指导。

（四）学生参与度的提升

为了提升学生的参与度，需要采用多元化的教学策略。例如，组织小组讨论、案例分析、角色扮演等活动，激发学生的积极性和主动性。同时，通过开展互动性强的教学活动，如游戏、实践课程设计等，引导学生积极参与，发挥他们的主动性和创造性，从而提高学习效果。

教育资源的开发与利用是提升学生参与度的关键。在美育教育中，要充分利用现代化的教育技术，如多媒体教学、网络教学平台等，为学生提供丰富的资源和学习材料。同时，积极与社会各界合作，开展实践教学项目，为学生创造良好的学习环境和实践机会，激发他们的学习兴趣。

教师在提升学生参与度方面扮演着重要的角色。教师应不断提升自身的专业素养和教学能力，注重教学方法的创新和教学形式的灵活设计。例如，教师可以采用启发式教学法和探究式学习法，引导学生主动思考和自主学习，并及时进行个别辅导，关注学生的学习进展和需求。通过积极参与学生的学习过程，并为他们提供指导，教师可以有效提高学生的参与度。

学生参与度的提升也需要进行效果评估。采用问卷调查、教学观察和学生成果评价等方法，定期对学生的参与度进行评估。同时，与学生交流沟通，了解他们的学习需求，根据评估结果及时修正教学策略，不断提高教学效果。

综上所述，通过采用多元化的教学策略、充分利用教育资源、提升教师的能力，并进行效果评估，可以有效提高学生的参与度，促进他们全面发展。

四、效果评估

（一）效果评估的标准与方法

针对美育教育和心理健康教育的效果，需要从多个维度进行评估。学生的心理健康状况是一个重要的评估指标。采用问卷调查的方式，可以收集学生在参与美育教育后的心理健康水平变化情况。心理问卷包括情绪、压力等方面的问题，通过分析问卷结果，可以客观了解学生的心理健康状况。

学生对美育教育的认知、理解和接受程度也是评估的重要指标。通过开展问卷调查或访谈，可以了解学生对美育教育的认知情况。问卷主要包括有关美育教育内容的问题，访谈则可以更深入地了解学生对于美育教育的理解和接受程度。这些数据可以帮助我们制定改进措施。

评估也需要关注学生在美育教育中参与活动的积极程度。通过观察学生的态度、参与度以及作品展示等，了解学生在美育教育中获得的提高。这不仅能评估教育效果，也可以对活动的设计进行优化。

针对上述评估指标，需要综合运用定量和定性的方法，以确保评估的准确性。定量方法可以通过数据统计和量化分析，得出具有可比性的结果。定性方法可通过案例分析、访谈等，深入了解学生的学习感受。

（二）效果评估的结果分析

通过对教育成果进行评估，可以全面了解教育活动的实际效果，为进一步提升美育教育的质量提供参考依据。

分析评估的结果旨在总结教育活动所取得的成效。我们要对评估的数据和材料进行整理和分析，这些数据包括学生参与情况、学习成绩、行为变化和心理健康状况等方面的信息。通过对这些数据进行整理和分析，可以明确掌握教育活动对学生的影响和改变。

高职院校可以从两个方面对评估结果进行分析。首先是定量分析，通过对数据的统计和计算，可以得出教育活动的发展水平和发展趋势等信息。这些数据可以直观展示教育活动的成果。其次是定性分析，通过对学生的观察和访谈等，了解学生在教育活动中的体验、感受和意见。这种定性分析可以帮助我们更深入地了解教育活动对学生的影响。

在分析过程中，还需要将评估结果与预期目标进行比较。通过与预期目标的对比，评估教育活动的效果。同时，可以发现教育活动中的不足，为优化教育活动提供依据。

基于评估结果的分析，也需要提出建议和改进措施。评估结果的分析不仅是对教育活动的总结和反思，更重要的是为未来的教育活动提供指导和改进方向。通过分析评估结果，可以发现教育活动中的问题，为提升教育质量提供参考。

综上所述，通过对评估结果的整理和分析，可以全面了解美育教育和心理健康教育的效果，促进高职院校提升教育质量。

参考文献

［1］焦豫丹. 现代美育理论及其教育实践探索［M］. 汕头：汕头大学出版社，2023.

［2］李梦婷. 美育中的音乐教育与审美研究［M］. 长春：吉林出版集团股份有限公司，2023.

［3］张娉. 新时期高校美育与学生教育管理研究［M］. 长春：吉林出版集团股份有限公司，2022.

［4］冉政. 新时代大学生美育教育与思想政治教育创新研究［M］. 重庆：重庆大学出版社，2022.

［5］万莹. 青年美育与素质教育创新实践［M］. 汕头：汕头大学出版社，2022.

［6］李超. 美育与高校音乐教育研究［M］. 长春：吉林出版集团股份有限公司，2021.

［7］刘畅，杨莎莎，刘芬. 美育视野下的艺术教育教学研究与实践［M］. 长春：吉林人民出版社，2021.

［8］崔晋文. 思想政治教育中的美育问题研究［M］. 武汉：武汉大学出版社，2021.

［9］郑筱筠，黄妮妮，马仲吉. 大学美育教程［M］. 苏州：苏州大学出版社，2021.

［10］胡燕，张利平. 新时代美育教育研究［M］. 长春：东北师范大学出版社，2020.

［11］柯汉琳. 大学美育［M］. 广州：广东高等教育出版社，2020.